KB120100

반드시 부자 되는
자동이체 투자법

반드시 부자 되는 자동이체 투자법

현생 살기 바쁜 사회초년생을 위한 재테크 안내서

초 판 1쇄 2024년 07월 17일

지은이 전용기, 김동찬
펴낸이 류종렬

펴낸곳 미다스북스
본부장 임종익
편집장 이다경, 김가영
디자인 임인영, 윤가희
책임진행 김요섭, 이예나, 안채원

등록 2001년 3월 21일 제2001-000040호
주소 서울시 마포구 양화로 133 서교타워 711호
전화 02) 322-7802~3
팩스 02) 6007-1845
블로그 http://blog.naver.com/midasbooks
전자주소 midasbooks@hanmail.net
페이스북 https://www.facebook.com/midasbooks425
인스타그램 https://www.instagram.com/midasbooks

© 전용기, 김동찬, 미다스북스 2024, *Printed in Korea*.

ISBN 979-11-6910-734-1 03320

값 **19,000원**

미다스북스는 다음세대에게 필요한 지혜와 교양을 생각합니다.

현생 살기 바쁜 사회초년생을 위한 재테크 안내서

반드시 부자 되는
자동이체
투자법

전용기, 김동찬 지음

금융 경제 전문가
강력 추천
재테크 입문서

초보 투자자
사회초년생
추천 필독서

미다스북스

추천사

수협은행 강신숙 은행장

사회초년생은 미래를 설계하는 중요한 시기다. 인생에서 결혼 자금, 주택 자금 등 목돈 마련을 해야 하는 첫 번째 구간이기도 하다. 목표 달성을 위해서는 꾸준히 자신의 소득과 지출 상태를 점검하는 것이 필요하다. 이 책은 어떻게 자신의 재무 상황을 파악하는지 설명하고 저축과 투자뿐 아니라 여러 금융 지식, 금융 상품에 대한 정보를 비교 분석했다. 이 책을 읽은 사회초년생과 그렇지 않은 이들의 10년 후의 미래는 크게 다를 것이라 확신한다. 아울러 금융 투자에 새로운 방향을 모색하는 많은 분들에게 아주 유용한 참고서가 될 것이라 생각한다.

카카오페이 이윤근 부사장

모두가 돈 모으는 데 관심이 많다. 그런데 정작 어떻게 모아야 할지 알려 주는 사람은 없다. 아직 경험이 부족한 사회초년생에게 재테크는 그렇게 평생 모르는 분야가 된다. 주식 종목 하나에 일희일비하다가 현실에 집중하지 못하는 경우도 허다하다. 이 책은 커리어에 집중해야 하는 사회초년생이 어떻게 효과적으로 자산을 불릴 수 있는지 잘 가이드해 주고 있다. 확실하게 부자가 되고 싶은 모든 사회초년생들에게 일독을 권하는 이유다.

추천사

한화손해보험 서지훈 부사장

월급 빼고 다 오르는 요즘이라고 한다. '고금리 · 고물가'와 '집값 상승'에 재테크를 포기한 2030 세대들도 늘고 있다. 소비를 줄이며 근근이 버텨 보지만, 미래가 보이지 않는다는 호소가 들린다. 그들에게 '반드시 부자되는 자동이체 투자법'을 추천한다. 지금 당장 부자가 될 수는 없어도 열심히 자동이체로 우상향하는 자산을 모은다면 반드시 당신은 부자가 될 수 있다. 소득 및 지출 관리, 저축 및 투자 설계에 관한 자세한 내용이 담겨 있다.

저축은행중앙회 오화경 회장

지난해 만 19~34세 청년층의 평균 월급은 252만원이다. 이 중 얼마를 소비하고 투자해야 할까. 그 정답이 이 책에 있다. 20대라면 우선 월급의 20%를 저축 및 투자하고 재테크에 감을 쌓은 뒤 꾸준히 높여야 한다. 저자들은 국내의 대표적인 경제지 기자로서 해박한 금융 지식을 가졌고 사회초년생의 막막함도 알고 있는 인생 선배다. 생생한 재테크 경험에서 나온 자동이체 투자법을 담고 있는 이 책이 사회초년생들에게 나침반이 되기를 기원한다.

추천사

신영증권 민주영 연금사업부 이사

사회에 첫발을 내딛는 직장인의 대부분이 은퇴를 고려하지 않은 채 재무설계에 나선다. 그러나 노인빈곤율이 40%에 육박해 OECD 1위인 우리나라에서 은퇴를 고려하지 않은 금융 생활은 불안정한 노후를 야기할 뿐이다. '반드시 부자되는 자동이체 투자법'은 월급 관리 등 단기적 목표부터 통합연금포털을 활용한 연금 관리 상식 등을 두루 다루며 장기적 재무 과업에 대한 정보를 제공한다. 이 책이 사회초년생이 직면하는 여러 재무 이슈를 해결해 주고 미래를 환하게 비출 것이라고 확신한다.

신한카드 문동권 사장

"월급 빼고 다 오른다"는 이야기가 심심치 않게 들린다. 그래서 미래가 두려운 2030 세대들이 재테크에 관심을 가지는 것이 당연한 요즘이다. 어떤 상품에 어떻게 투자할지, 어떤 금융기관과 거래해야 할지 결정하기 어려울 때, '반드시 부자 되는 자동이체 투자법'은 북극성과 같은 역할을 할 것으로 확신한다. 꾸준한 자동이체를 통해 부자가 되는 비법, 소득 및 지출 관리, 저축 및 투자 설계에 관한 내용 등이 알차게 담겨 있어 금융/경제 정보에 목마른 사회초년생과 초보 투자자들에게 추천한다.

추천사

네이버페이 홍종호 팀장

물고기 잡는 법을 알려주겠다 나선 책들이 넘쳐나는 시대, '여기 물고기가 있다'며 명확히 짚어주는 이 책의 등장이 반갑다. 시간이 자산인 투자자들에게 당장의 행동 변화를 권하는 현실적 지침서로 불리기에 손색없다. 일독을 권하지 않는다. 재독, 삼독을 넘어 곁에 두고 필요할 때 꺼내어 보는 투자설명서가 될 것으로 믿어 의심치 않는다. 돈버는 습관은 생각보다 우리 가까이에 있었다. 독자는 지치지 않는 꾸준함만 준비하시라. 나머지는 마치 '자동이체'처럼 이 책이 알아서 해줄 것이다.

목차

프롤로그

재테크/금융 기초 용어 정리

Part 1 자동이체 마인드셋 : 부자로 향하는 지름길

목차

목차

목차

: 월급쟁이의 자존감은 자동이체가 채운다

자동이체 투자법. 왜 지금 시작해야 하는가?

대박은 없다. 벼락부자 또한 없다. 눈뜨면 부자가 됐다는 것은 드라마에서나 가능하다. 이 책은 조금씩 부자가 되는 방법을 담았다. 어제보다는 오늘이 부자인 나, 오늘보다 내일이 좀 더 부자인 나를 원한다면 이 책에 정답이 담겨 있다. 투자는 과거의 경험으로 현재의 부를 쌓는 것이다. 그 실천 방법이 자동이체이다. 자동이체로 쌓인 돈들이 스스로 일하게 만들어서 작은 성공을 일구고 시간의 마법으로 더 큰 성공을 거두는 것. 그것이 내가 이 책에서 말하고 싶은 전부다.

"권리 위에 잠자는 자, 보호받지 못한다"는 유명한 법언(法言)이 있다. 투자도 마찬가지다. 평소에 관심을 갖고 지켜봐야 기회가 있을 때 잡을 수 있다. 실천이 뒤따라야 한다. 행동하지 않으면 결과는 없다. 학창 시절 공부를 해 본 사람들이라면 성적은 '계단식'으로 향상된다는 것을 알고 있을 것이다. 자산도 마찬가지다. 처음에는 더딘 것 같지만 자동이체 투자법으로 꾸준하게 투자한다면 계단식 자산 형성을 직접 체험할 수 있다.

생산의 3요소는 노동, 자본, 토지다. 그 중 노동의 가치가 떨어지고 있다. 반대로 자본의 역할은 커진다. 이제 기업에 노동, 토지는 필요가 없는 시대를 맞았다. 자본만 있으면 된다. 인공지능(AI) 혁명으로 단순 반복 노동은 사라질 위기에 놓였다. 식당만 가도 배달 로봇을 쉽게 볼 수 있다. 시간 앞에 멈춰서 있으면 갈수록 가난해진다. 노동의 자리를 빼앗아 자본의 힘으로 돈을 버는 기업이 밉다고 욕하기보다 하루라도 빨리 편승해야 한다. 성장하는 기업의 과실을 얻지 못하면 점점 가치를 잃어가는 육체노동에 의지해야 하는 삶을 살아야 한다. 성장하는 기업, 성장하는 자산에 숟가락을 얹어야 한다.

반드시 부자 되는 자동이체 투자법

자동이체 투자법은 '우상향하는 자산'을 자동이체로 모아가는 것이다. 그러기 위해선 제일 먼저 안정적인 월급쟁이가 돼야 한다. 이후 월급으로 투자할 만한 상품을 찾아 자동이체를 걸어 놓는다. 자동이체로 자산이 쌓이는 동안 자신의 경쟁력을 키워 더 많은 월급을 받도록 한다. 월급이 늘어난 만큼 자동이체 투입 금액을 높인다. 이 같은 3단계 과정만 거친다면 큰 부자는 못 되어도 작은 부자는 될 수 있다.

재테크에 성공한다면 퇴직 후 '안 할 수 있는 권리'를 갖게 된다. 월급쟁이로 있을 때 자산을 쌓아 두지 않으면 "추울 때는 추운 곳에서, 더울 때는 더운 곳에서 일해야 한다"는 말이 나의 이야기가 된다. 재테크 시장에서 생존하지 못한 채 퇴직한다면 생계를 위해 더 낮은 임금으로 하기 싫은 일을 해야 한다. 진정한 퇴직 후 성공은 '안 할 수 있는 권리'다. 하고 싶은 것만 하고 살고 싶다면 튼튼한 은퇴 자산, 노년 자산을 갖춰야 한다.

그렇다고 남들이 다 하는 재테크라고 현재를 희생하며 강행한다면 과연 부자가 된다고 해서 행복할까? 현재를 희생하는 재테크는 오래하기 힘들다. 재테크는 마라톤이다. 100미터 단거리 달리기가 아니다. 자동이체 투자법은 현재를 충실히 살면서 시간에 투자하는 재테크 방법이다.

사실 책 출판을 계획하면서 수많은 재테크 책 중의 하나가 될 것 같아 망설여졌다. 기자 생활을 하던 지난 25년간 많은 출판 제의가 있었지만 애써 외면했다. 알릴 것도 없고 알리고 싶은 것도 없다고 생각했다. 개인 자산 상황까지 공개하면서 책을 낸 것은 재테크를 어떻게 시작해야 할지 몰라 손 놓고 있는 기자 후배들이 보였기 때문이다. 경제 신문 기자가 됐지만 재테크 바다에 뛰어들지 못하고 주변만 맴도는 것이 안타까웠다.

지름길을 가고 싶은데 오히려 길을 잘못 들어 가시덤불에 빠져 허우적대는 사회초년생들이 너무 많다. 무조건 1억 모으기가 정답인 것처럼 여겨지고 밑도 끝도 없는 무지출 챌린지가 유행한다. 1억을 종잣돈으로 만들면 10억은 모으기가 쉽다니? 그럼 1억 종자돈을 어떻게 만들라는 것인가? 그 방법에 대해선 말해 주지 않는다. 간혹 월급쟁이로 부자가 될 수 없다며 사업과 부업을 강요하는 것은 물론 주식과 코인 시장에 뛰어들어야 한다고 부추긴다.

필자 또한 빨리 부자가 되고 싶고 좋은 집과 멋진 차를 타고 싶지만 180도 다른 현실에 적잖이 좌절했다. 우왕좌왕했고 여기저기 기웃거리기도 했다. 부동산 투자도 고민했다가 주식으로 크게 잃기도 했다. 이를 타산지석으로 삼으면 먼 길을 돌아가는 시간 낭비는 줄일 수 있을 것이다. 물론 지름길은 아닐 수 있다. 그래도 누구나 의지만 있으면 작은 부자가 될 수 있다고 생각한다.

취직 후 보증금이 없어 고시원을 전전했고 결혼 직전에는 보증금 1000만 원에 월세 10만 원을 주고 반지하 방에 살던 필자가 그래도 소형 평형이지만 빚 없이 서울 강남권에 집을 마련했다. 제대로 된 맞벌이는 물론 부업도 하지 않았고 직장 생활에 충실했다. 스스로 부자라고 생각한 적도 없고 남들에게 자랑할 만큼의 자산도 갖고 있지 않다. 실감은 나지 않지만 통계청에서 말하는 순자산 상위 5%에 포함됐다는 것도 최근에 알았다.

재테크의 목표 중 하나는 은퇴 후 미래를 대비하는 것인데 이 책의 일정 부분은 은퇴 후 연금에 대한 내용을 다룬다. 사회초년생에게 웬 은퇴를 위한 연금 상품이냐고 할 수 있겠지만 20~30년 후 퇴직을 고민하고 재테크할 때 가장 안전한 재테크가 된다. 현재 내가 가진 돈을 미래의 나에게 알차게 전달해 줄 수 있다면 그만큼 뿌듯한 일이 뭐가 있을까? 그게 바로 연금이다.

취업 초기 은퇴 후 삶을 생각한다면 실제 은퇴 이후에 삶이 훨씬 윤택해질 수 있다. 특히 자발적 은퇴의 시기도 당겨질 수 있다. 1년 안에 아니 6개월 안에 성공하는 재테크는 현생에 있지도 않다. 초심자의 행운으로 점점 판돈을 키워 가며 벼락부자를 꿈꾸겠지만 단 한 번의 실패에도 전 재산을 잃게 된다.

자동이체 투자법으로 현재의 부를 쌓고 미래를 꿈꾸는 삶을 시작해 보자. 재테크라는 세상의 문 앞까지 가는 징검다리 역할은 충분히 할 것이라 믿는다. 그 문을 여는 것은 독자의 몫이다. 남의 일이라고 외면하면 기회는 절대 오지 않는다. 시간이 갈수록 상대적으로 가난해질 것이고 경제적 자유는 더욱 멀어질 것이다. 하기 싫은 일을 해야 하는 탓에 시간 빈곤에 시달릴 것이다. 어제와 같은 오늘, 오늘과 같은 내일이 기다릴 수밖에 없다.

　직장 생활 25년간 여러 재테크를 해 오면서 겪은 시행착오의 고통이 이 책을 읽는 분에게는 없었으면 하는 바람이다. 지름길은 아니지만 적어도 가시덤불이 우거진 길은 피할 수 있을 것이다. 자동이체 투자법이 현재의 행복을 보장하고 미래의 두려움을 극복하는 삶으로 인도하길 기도해 본다.

재테크/금융 기초 용어 정리

펀드	자산운용회사가 투자자들을 대신해 자금을 운용하는 금융 상품
채권	국가나 지방 공공 단체, 회사 등이 투자자들로부터 자금을 차입하기 위해 발행하는 유가 증권
리츠	개인 투자자들이 큰 자본금 없이도 부동산 투자에 참여할 수 있는 부동산 투자 신탁
배당	기업이 이익 중 일부를 주식을 소유하고 있는 주주들에게 현금 또는 주식으로 돌려주는 것
상장지수펀드(ETF)	특정 자산 가격의 움직임에 수익률이 연동되도록 설계된 상품으로 주식처럼 실시간 매매가 가능한 것이 특징
개인형퇴직연금제도 (IRP)	재직 중에 자율 가입하거나 퇴직 또는 이직 시 수령한 퇴직금을 바로 사용하지 않고 적립 및 운용할 수 있는 퇴직연금 제도
개인종합자산관리계좌 (ISA)	주식, 채권, 펀드 등 다양한 금융자산을 한 계좌에서 운용할 수 있는 계좌. 투자 수익에 대한 세금을 면제받을 수 있는 것이 특징
연금저축계좌	일정 기간 납입한 뒤 펀드와 ETF로 거래한 후 연금으로 인출하면 과세되는 세제 혜택 상품
거래소	주식, 채권, 선물 등 다양한 금융자산을 거래할 수 있는 장소
시가총액	상장 주식 수에 그 때의 주가를 곱하여 산출한 것으로 기업의 총 가치를 뜻함
유동성	자산 또는 상품이나 현금으로 전환할 수 있는 속도 및 능력
재무제표	기업의 경제적 상황과 성과를 나타내는 표로 대차대조표, 손익계산서, 현금흐름표 등으로 구성된다
테마주	특정 이슈로 인해 주가가 크게 움직일 것으로 예상되는 주식
근로소득	근로를 제공함으로써 받는 개인소득을 총칭하는 것

반드시 부자 되는 자동이체 투자법

인플레이션	상품의 가격 수준이 전반적, 지속적으로 상승하는 현상
디플레이션	상품의 가격 수준이 전반적, 지속적으로 하락하는 현상
금융자산관리계좌 (CMA)	증권회사가 고객의 예탁금을 MMF, RP, 기업어음 등의 금융 자산에 투자해 그 수익을 고객에게 돌려주는 금융 상품
단기금융펀드(MMF)	금리가 높은 CD(양도성예금증서), CP(기업어음) 등 수익률이 높은 단기 금융 상품에 집중 투자해 얻는 수익을 되돌려주는 실적배당상품
듀레이션	이자율 변화에 따른 자산 또는 부채의 가격 변화 정도
연말정산	1년간의 총급여액에 대한 근로소득세액을 소득세법에 따라 계산한 뒤, 매월 급여 지급 시 간이세액표에 의해 이미 원천징수한 세액과 비교해 이듬 해 1월분 급여 지급 시 차액을 돌려주는 제도
퇴직연금	회사가 근로자의 퇴직급여를 금융기관에 맡겨 운용한 뒤 근로자가 퇴직할 때 적립된 퇴직급여를 연금으로 지급하는 제도
예금담보대출	가입한 예금에 들어 있는 돈을 담보로 대출하는 상품. 정기예금이나 적금, 신탁 상품은 물론 주택청약종합저축도 예금담보대출이 가능하다
청약통장	아파트 분양 자격을 얻기 위해 가입하는 통장
환헤지	환율 변동으로 생길 수 있는 손실 위험을 회피하기 위한 행위
파킹통장	하루만 넣어도 이자가 쌓이는 것이 특징인 보통예금
엔저	엔화 가치가 급격하게 떨어지는 현상. 일본의 마이너스 금리가 오랜 시간 지속된 가운데 미국과의 기준금리 격차가 커지며 엔화는 달러를 상대로 최근 38년 만에 최저 수준을 기록
소부장	소재 · 부품 · 장비를 줄인 것
복리	원금과 중간에 발생한 이자의 재투자를 합한 개념

재테크/금융 기초 용어 정리

정기예금	예금주가 어느 정도 규모의 돈을 예치할지 기간을 정하고 원칙적으로 그 만기가 될 때까지 돈을 뺄 수 없는 상품
정기적금	예금주가 적립할 기간, 적립액을 설정하고 정기적으로 저축하는 상품
배당수익률	배당금을 현재 주가로 나눈 비율. 현재 주가로 주식을 매수할 경우 배당만으로 올릴 수 있는 수익의 정도를 의미한다
배당성향	단기순이익 중 현금으로 지급된 배당금 총액의 비율. 배당금을 당기순이익으로 나누어 산정
S&P500	미국의 민간 신용평가회사인 스탠더드 앤드 푸어스(Standard & Poor's)가 주로 미국의 선도 기업이 발행한 500개 종목을 대상으로 만들어 발표하는 종합주가지수
나스닥100	나스닥거래소에 상장된 주식 중 시가총액 상위 100종목의 비금융주로 구성된 지수
필라델피아 반도체 지수	미국 필라델피아 증권거래소에서 산출하는 반도체 관련 주식들의 가격변동을 나타내는 지수로 세계 반도체 산업의 현황을 알 수 있는 지표
종합주가지수	주식시장의 흐름을 나타내는 지표로 국내에는 코스피(KOSPI)와 코스닥(KOSDAQ)이 있다
다우존스 지수	1897년부터 발표된 세계에서 가장 오래된 지수로 미국 뉴욕증권거래소에 상장된 30개 대형 기업의 주가를 평균한 지수
코스피200(KOSPI200)	코스피 지수 중 시가총액이 크고 유동성이 높은 상위 200개 회사의 주가를 종합한 계산된 지수. 한국 경제를 대표하는 기업들인 만큼 국내 경제 상황을 판단하는 척도로도 사용
콜옵션(Call Option)	주식이나 다른 금융자산을 일정 가격에 사는 권리. A 기업의 주식이 1만 원인 상황에서 주가가 오를 것이라고 가정하면, 이 주식을 1만 원에 사는 콜옵션을 산 뒤에 주식이 2만 원으로 오르면 콜옵션을 행사해 주식을 1만 원에 사고 2만 원에 팔아 차익을 얻을 수 있다

반드시 부자 되는 자동이체 투자법

풋옵션(Put Option)	주식이나 다른 금융자산을 일정 가격에 파는 권리. A 기업의 주식이 1만 원인 상황에서 주가가 떨어질 것이라고 가정하면, 이 주식을 1만 원에 파는 콜옵션을 산 뒤 주식이 5000원으로 떨어졌다면 콜옵션을 행사해 주식을 1만 원에 팔아 차익을 얻을 수 있다
커버드콜	특정 자산을 매수하는 동시에, 해당 자산의 특정 값에 '살 수 있는 권리'인 콜옵션을 매도하는 것. 변동성이 크면 손실도 함께 커지는 것이 특징
레버리지	'지렛대'라는 뜻으로 자본금을 지렛대로 삼아 더 많은 외부 자금을 차입하는 것

Part 1

자동이체 마인드셋
: 부자로 향하는 지름길

Part 1에 들어가기 전
꼭 알아야 할 이야기

1. 부자들은 자산이 돈을 벌어 주는 구조를 만들어 놨다.
2. 그러나 사회초년생을 비롯한 대부분 월급쟁이들은 육체노동을 통해 현금을 채굴하고 있다.
3. 축적된 부가 없어 자산이 돈을 벌어 주는 구조를 만들지 못했다.
4. 그렇다면 시간이 돈을 벌어 주는 구조, '자동이체 투자법'을 활용해야 한다.
5. 월급이 들어오면 우상향하는 알짜 투자 상품을 자동이체로 매수한다.
6. 자동이체로 빠져나간 후 남는 돈으로 알차게 소비를 하는 구조를 안착시킨다.
7. 그 다음은 자신의 몸값을 높여 자동이체 투자 금액도 함께 늘린다.
8. 가슴 깊이 새겨야 한다. '선 자동이체 후 지출'이 원칙이다.

1)
당신의 돈이 '저절로' 모이는 기적의 첫걸음

자동이체 투자법은 시간이 돈을 버는 방법이다. 현재에 충실하면서 미래를 대비할 수 있다. 월급 파이프라인을 자동이체 파이프라인으로 재설계하면 작은 자산 연못을 가질 수 있다. 큰 호수를 갖는 것은 또 다른 영역이다. 월급쟁이를 뛰어넘어 위험을 감수하고 사업을 해야 한다. 큰 호수까지는 아니더라도 충분히 만족할 만한 자산 연못을 갖도록 하는 게 자동이체 투자법이다.

입사 초기에 자동이체 파이프라인을 잘 설계해 놓으면 푼돈은 어느새 목돈이 된다. 필자의 경우 중학생 딸의 펀드 계좌가 실제 사례다. 2014

년 증권업계를 다시 출입하게 됐을 때 한국밸류자산운용에 다니는 펀드매니저와 점심을 했다. 기자 초년생부터 지금까지 만나고 있으니 그 인연만 20년이 훌쩍 넘었다. 어느 날은 한국밸류자산운용에서 출시한 어린이펀드의 독특한 구조에 대해 대화를 나눴다.

최초 가입 시 만 19세 미만 고객 명의로만 가입할 수 있다고 했다. 또 장기 투자를 유도하기 위해 10년 내에 환매하면 환매수수료가 발생하도록 했다. 가입해 주는 것도 고마운데 패널티라니? 대신 어린이가 펀드의 주인인 만큼 업계 최저 수준의 보수를 적용하고 있어 장기 투자에 대한 비용 부담을 낮췄다고 했다. 내부적으로도 성과가 뛰어난 펀드매니저에게 맡겨서 어린이들이 실망하지 않게 신경을 많이 쓰고 있다는 얘기도 전해 들었다. 펀드에 대한 책임감과 자신감이 충만했다.

정확한 펀드 명칭은 한국밸류10년투자어린이증권투자신탁1호(주식). 지난 2011년 5월 자녀의 교육 자금, 결혼 자금 등 목돈 마련을 위한 어린이 펀드로 출시됐다. 기본 투자 원칙은 시장 변동성이 아닌 기업의 내재가치에 투자한다는 것이다. 주로 저평가된 종목을 발굴해 주가가 내재가치에 도달할 때까지 보유해 장기 수익을 극대화하는 전략을 활용한다. 또 변동성을 낮추기 위해 진입장벽 구축으로 시장 지배력이 높고 투자 위험도가 낮은 종목과 배당 수익률이 높은 종목을 편입한다. 지금은 누구나 가입할 수 있고 환매수수료 역시 폐지됐다.

금융 교육 차원에서 유치원에 다니던 딸을 데리고 은행에 가서 계좌를 만들었다. 매달 용돈 5만 원씩 펀드에 자동이체 한다고 직접 눈으로 확인시켜 줬다. 이후 매달 5만 원씩 자동이체로 투자됐고 중간중간 명절 용돈이 생기면 추가 불입했다.

평가금액 : 18,873,000원		조회기준일시 : 2024.06.25
펀드명	**투자원금(원)**	**평가금액(원)**
한국밸류10년투자어린이증권투자신탁 1호(주식)A	9,374,951	18,873,000 수익률:101.31%

딸 어린이 펀드 계좌

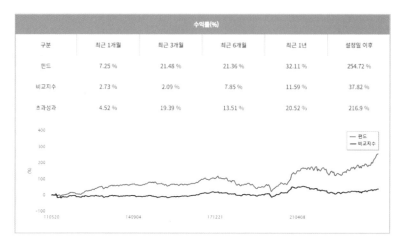

수익률(%)					
구분	최근 1개월	최근 3개월	최근 6개월	최근 1년	설정일 이후
펀드	7.25 %	21.48 %	21.36 %	32.11 %	254.72 %
비교지수	2.73 %	2.09 %	7.85 %	11.59 %	37.82 %
초과성과	4.52 %	19.39 %	13.51 %	20.52 %	216.9 %

어린이 펀드 수익률 추이, 출처 : 한국투자밸류자산운용

완전히 까먹고 있다가 어느 순간부터 월급통장에서 5만 원이 빠져 나가지 않는다는 것을 발견했다. 벌써 10년 만기를 맞았다는 사실도 그때 알았다. 오르락내리락하는 수익률에 크게 신경 쓰지 않았는데 수익률은 무려 101%. 투자 원금은 자동이체로 600만 원 + 추가 납부 337만 원으로 총 937만 원이다. 1887만 원이 됐으니 950만 원의 투자 수익을 올렸다. 미성년자 자녀의 증여 비과세 한도가 2000만 원까지인 탓에 하마터면 증여세 신고 시점을 놓칠 뻔했다.

반드시 부자 되는 자동이체 투자법

만약 자동이체를 걸어 놓지 않고, 주가가 떨어지면 떨어졌다고 투자하지 않고 오르면 올랐다고 기다린다며 투자하지 않았다면 100% 넘는 수익은 없었을 것이다. 적립식으로 꾸준히 투자하는 것이 그만큼 중요하다는 것을 단적으로 보여 준다. 지금은 환매해서 딸 계좌로 매달 적립식으로 미국 주식을 사 주고 있다. 지금 중학생이니 결혼할 시점에는 적잖은 돈이 되어 있을 것이라 기대한다.

서울대학교 공과대학 교수들이 내놓은 『축적의 시간』이라는 책이 한동안 인기를 끌었다. 단기 성과에 집착하는 산업과 교육, 기초를 무시하는 사회는 위험하다는 내용이 담겼다. "창조적 시행착오를 통한 경험의 축적이 필요하다"며 뿌리 없는 한국 산업에 대한 진단과 처방을 제시했다.

재테크도 단기적인 성과가 아닌 장기적인 성과가 더 중요하다. 자동이체 투자법은 실천과 축적이 뒷받침될 때 비로소 완성된다. '자동이체 투자법=실천+축적'인 셈이다. 우상향하는 자산을 찾아 하루라도 빨리 시작해야 한다. 그래야 자산규모가 시간이 갈수록 눈덩이처럼 커진다. 다만 중간중간 자동이체 상품을 교체하며 업그레이드해야 한다.

2)
'선 투자, 후 지출'로 미래의 걱정을 끊어라

자동이체 투자법의 핵심 비법은 '선 투자(자동이체), 후 지출'이다. 월급쟁이는 절대 쓰고 남은 돈을 저축해 부자가 될 수 없다. 회사에서는 항상 한 달 살기 모자란 만큼만 월급을 준다. 넉넉한 월급은 없다. '월급으로 한 달 살기도 빠듯한데 무슨 투자?'라고 할 수 있다. 월급 받고 살 것 사고 먹을 것 먹다 보면 신용카드 명세표만 손에 남는다. 그것도 모자라 마이너스 통장에서 야금야금 빼서 쓰기도 한다. 여기서 솔직해 볼 필요가 있다. 그렇게 월급도 모자라 마이너스 통장까지 쓰는데 과연 행복한가? 삶이 만족감으로 넘치는가? 대부분 그렇지 않을 것이다.

흔히 소비가 행복을 가져와 줄 것이라고 생각하지만 엄연한 착각이다. 저축 없이, 투자 없이 소비를 하면, 돈을 쓰면서도 뭔지 모르게 불안하다. 가끔 '이래도 되나?'라는 자괴감도 든다. 미래에 대한 불안감 때문이다.

월급이 들어오는 동시에 연금, 예·적금, 투자, 대출 상환 등 각 목적에 맞게 내 돈이 빠져나가게끔 정교하게 설계해야 한다. 그때그때 상황에 맞춰 리밸런싱도 잊지 말아야 한다. '선 투자, 후 지출'을 실천하면 숨겨진 미래의 불안감 때문에 돈 쓰는 맛이 사라지는 현상도 없어진다.

자동이체 투자 후 남은 돈으로 지출하면 보다 알차게 돈을 쓸 수 있다. 일단 세팅을 해 놓고 통장에서 차근차근 빠져나간 뒤 남은 돈으로 지출하는 소비는 너무나 달콤하다. 월급만 제때 나온다면 다음 달에도 그만큼 맘 놓고 소비할 수 있기 때문이다. 얼마 남지 않는 돈에서도 연말 해외여행 경비가 마련되는 마법도 체험할 수 있다.

"코인으로 대박 났대!", "A주식 엄청 올랐다며?" 등 주변 사람들의 이런 저런 투자 소식에 기웃기웃할 수는 있지만 거기까지다. 장기 레이스에서 승리하기 위해서는 본업이 잘되어야 하고 본업에 충실해야 한다. 실제 모 대기업 임원은 현직에 있을 때 일체 개별 주식 투자는 하지 않는다고 했다. 주식 펀드와 채권 투자는 하지만 개별 주식의 움직임에 에너지를 빼앗기지 않겠다는 것. 오히려 업무에 집중하고 업무에 더 열심히 해서 여기서 임원을 하루, 1년을 더 하는 게 자기한테 더 큰 재테크라고 했다. 결국 대기업 부사장까지 하고 다른 분야에서 여전히 현역으로 뛰고 있다.

다시 말하지만 재테크는 장기 레이스. 자동이체 투자법은 방향성만 맞으면 언젠가는 성공한다. 필자는 지난 2007년 연말정산을 받기 위해 연금 상품에 한참 관심을 가졌다. 연말정산 환급금이 적은 것이 화가 나서 연말정산을 받을 수 있는 금액까지 꽉 채워 가입했다. 연금저축펀드와 연금저축보험에 각각 25만 원씩 매월 50만 원, 연간 600만 원을 맞췄다. 이후 매달 자동이체 되는 금액만 확인했지 사실 언제 가입했는지조차도 잊었다. 10년이 지난 2017년 월급통장에서 25만 원이 빠져나가지 않는 것을 발견했고 연금저축보험이 10년 만기가 지났다는 것을 그때서야 알았다. 만기 설정을 10년으로 한 것.

반드시 부자 되는 자동이체 투자법

연장을 위해 보험사를 찾아가니 만기 후 2~3개월이 지난 탓에 연장이 안 된다고 했다. 부랴부랴 다른 보험사의 연금저축보험을 들었다. 그때 만기가 된 연금 보험은 4300만 원. 원금이 3000만 원이니 1300만 원의 수익을 올린 셈이다. 물론 10년간 연말정산으로 돌려받은 것은 덤이다. 금융감독원 연금 포털에서 확인해 보니 연금을 받을 수 있는 55세까지 그대로 둔다면 4924만 원으로 불어난다. 더 놀라운 것은 55세부터 매년 234만 원씩 살아 있을 동안 계속 지급된다는 점이다. 기억도 안 나지만 종신형으로 설계했기 때문이다. 90살까지 생존하면 총 8438만 원을 받게 된다.

가입회사	동양생명보험	상품유형	연금저축보험
상품명	연금저축 수호천사 한아름연금1형(종신연금형)	가입일자	2007년 01월 29일
총 납입액(원)	30,000,000 원	중도 인출금액(원)	0 원
적립금액(원)주1	43,090,069 원	적립방식	금리연동형(공시이율)
납입상태	납입 완료	납입종료일주2	2017년 01월 29일 (만 43 세)
예상연금 주3 적립액(원)	49,243,276 원		

필자 연금저축보험 계좌

연령(만)		55 세	56 세	57 세	58 세	59 세
국민연금	노령연금(개시전, 현재가치 0%)	0	0	0	0	0
신한투자증권	퇴직연금1·DC (2.25%)	0	0	0	0	0
신한투자증권	퇴직연금2·개인 IRP형 (2.25%)	0	0	0	0	0
한국포스증권	신연금저축 (2.25%)	0	0	0	0	0
동양생명보험	연금저축 수호천사 한아름연금1형(종신연금형) (3%)	2,344	2,344	2,344	2,344	2,344
한화생명보험	한화생명 e연금저축보험 무배당 (2.5%)	0	0	0	0	0
합계 (천원/년)		2,344	2,344	2,344	2,344	2,344

필자 통합연금포털 현황

그렇다면 월급의 얼마를 자동이체 해야 하나? 전체 급여에서 고정비를 뺀 금액이 자동이체 가능 금액이다. 고정비에 주거비를 포함할 것인지 아님 주거비와 식비, 통신비까지 포함할 것인지는 본인 계획에 따라 다르다. 사회초년생이라면 전체 급여의 50%는 자동이체로 투자해야 돈 모아 가는 재미를 알 수 있다. 자동이체 투자법으로 1년에 1000만 원 이상 모으겠다는 목표가 없다면 투자는 취미 수준이라고 할 수 있다.

재테크가 처음인 사회초년생이라면 일단 20대이면 월급의 20%, 30대이면 월급의 30%를 무조건 투자하자. 예를 들어 20대로 월급이 250만 원이라면 20%인 50만 원을 각 금융 상품에 자동이체로 걸어 두면 된다. 상품별 비율을 잘 나눠서 투자한 뒤 금액을 점점 높이는 전략이

반드시 부자 되는 자동이체 투자법

필요하다.

재테크에 절박하다면, 정말 간절하고 당장 실행할 결심이 섰다면 100 에서 나이만큼 뺀 금액을 투자하는 것을 강권한다. 당신이 20대라면 20%만 지출하고 80%를 투자해야 한다. 30대라면 30%만 지출하고 70% 는 투자해야 한다. 2030 입장에서는 70~80%를 모으고 투자하면서 나 머지 20~30%만 쓰는 것이 고달플 것이다. 하지만 마중물을 넣어야 지 하수를 퍼 올릴 수 있다. 제로베이스에서 마중물을 마련하기 위해선 독 하다는 소리를 들을 정도로 소비를 줄여야 한다.

만약 25세라면 "월급이 들어오면 자동이체로 75%는 투자하라."라고 할 것이다. 나머지 25%를 가지고 자신한테 쓰면 된다. 25%에 통신비, 식비, 취미 생활비까지 포함해야 한다. 주거비까지 넣는다는 것은 다소 가혹할 수 있다.

때문에 부모님 집에서 출퇴근 한다면 좀 더 빨리 돈을 모을 수 있는 조 건이 될 것이다. 예를 들어 부모님 집에서 출퇴근 하는 25세 사회초년생 이 월 250만 원을 받는다면 200만 원은 월급 받는 즉시 자동이체로 투 자하게 만들면 된다. 나머지 50만 원은 자기 자신을 위해 쓰면 된다. 50

만 원 중 일부는 여행 등을 위해 10~20만 원씩 소비를 위한 적금을 드는 것도 한 방법이다. 요즘 인터넷은행에는 소액을 담아 두기 좋은 파킹 통장이 많다. part3에서 자세히 설명해 놨다.

3)
자존심 지출 줄이고 자존감 투자 늘려라

왜 재테크를 해야 하는가? 돈을 모아야 하는 진짜 이유가 무엇인가? 그 목표를 분명히 할 필요가 있다. 결론부터 말하면 돈이 현재의 내 행복과 일상을 갉아먹지 않는 삶을 살기 위해서다. 미래에 대한 막연한 불안감으로 현재를 충실히 살지 못하는 우를 범하지 않아야 한다. 더울 때는 시원한 곳에, 추울 때는 따뜻한 곳에 있을 수 있는 행복을 누릴 필요가 있다. 노후에 '안 할 수 있는 권리'를 가져야 한다. 본인 스스로에게 물어봐야 한다. 돈을 왜 모으는지. 현 상태가 좋고 지속될 것이라면 굳이 돈 모을 필요가 없다. 돈을 모으기 위해서는 갈증이 나야 하고 갈증이 난다면 돈 모을 때의 불편함은 감당할 수 있다.

재테크는 절실함과 간절함이 있어야 한다. 자산이 없으면 '시간 빈곤층'으로 전락하게 된다. 돈을 벌기 위해 하기 싫은 일을 해야 하고, 거기에 시간을 투입해야 한다. 자신만이 통제할 수 있는 시간은 점점 없어질 것이다. 재테크할 여유도 없어지면서 시간이 갈수록 가난해지는 악순환이 지속된다. 요즘 조기 은퇴자들이 말하는 가장 큰 만족감은 '시간 부자'로 산다는 점이다. 조기 은퇴했다고 해서 팽팽 노는 것이 아니다. 시간 부자로 자신의 시간을 통제하고 자신이 좋아하는 일을 하면서 추가적인 수입을 벌어들인다.

사실 시드 머니를 만들기 위해서는 좀 독할 필요가 있다. 사회초년생들에게 자동차는 사치다. 애완견도 마찬가지다. 포인트를 쓴다고 신용카드를 몇 장씩 발급 받았다면 1장만 남겨 놓고 당장 잘라 버려라. 이런 혜택, 저런 포인트로 지갑마다 각종 카드가 잔뜩 차 있다면 씀씀이 부자다. 오랜 직장 생활을 하면서 카드를 여러 개 쓰는 월급쟁이 부자를 만나 본 적이 없다. 모두들 약속이나 한 듯, 한두 장의 카드를 쓰거나 주거래 은행 체크카드로 지출을 통제했다.

나 또한 월급통장을 만든 주거래 은행 계열 카드 1장을 쓴다. 아내와 부모님도 그 카드에 딸린 가족카드를 사용하고 있다. 그러면 한 달 지출 규모가 잡힌다. 포인트로 절약하는 것보다 한눈에 지출을 볼 수 있어 지출 규모를 통제하는 것이 더 중요하다. 알뜰폰도 통화만 잘된다. 딸과 아내를 포함한 세 가족 전체 통신료가 5만 원을 넘지 않는다. 외적 자신감을 위한 소비는 내적 빈곤을 만든다. 자존감을 높이는 투자가 필요하다.

5% 수익률은 찾기 힘들다. 하지만 5% 줄일 수는 있다.

무일푼에서 목돈을 마련하려면 일단 소비를 줄여야 한다. 사고 싶은 것을 사고 먹고 싶은 것을 다 먹으면서 하는 재테크는 없다. 나이키 신발을 양보하고 프로스펙스 신발을 사야 할 수도 있다.

흔히 '몸테크'라는 말이 있다. 재건축을 앞둔 낡은 아파트에 들어가 불편하면서 부동산 시세 차익을 노릴 때 많이 나오는 말이다. 재건축 · 재개발은 말이 나오기 시작하는 때부터 짧게는 10년 길게는 20년 이상 걸리는 탓에 젊은 신혼부부가 아이들을 다 키워 놓고 노년 부부가 되는 경우도 적지 않다. 그 정도까지 독하게 하라고 강권하지는 않겠다. 하지만 넉넉한 씀씀이로 부자가 되는 경우는 없다. 시드 머니를 만들기 위해선 눈에 불을 켜고 필요 없는 지출은 끊을 필요가 있다.

명함이 있을 때 짠돌이의 자존감은 무너지지 않는다. 은퇴 후 명함이 없고 야인일 때도 짠돌이면 자존감에 상처가 생긴다. 그런 선배를 숱하게 봤다. 5% 수익률의 상품을 찾기는 무척 어렵다. 원금이 보장되는 상품은 더 그렇다. 하지만 지출을 5% 줄이는 것은 마음먹기에 달렸다. 사회초년생 때는 5% 수익이 보장되는 상품보다 5% 지출을 줄이는 게 재테크의 더 빠른 방법이다.

인생의 지름길을 통과하기 위해서는 반드시 '통행료'를 지불해야 한다. 재테크로 목돈이 만들어지면 통행료 또한 넉넉하게 지불할 수 있는 상황이 된다. 통행료가 없으면 지름길을 놔두고 저 멀리 돌아와야 한다. 가족에게는 그런 경험을 주지 않기 위해, 인생의 '통행료'를 손에 쥐여 주기 위해 부자가 되고 싶었다.

직장 생활을 하다 보면 좋은 학벌은 좋은 집단에 들어갈 수 있는 초대장 같은 것이라는 생각이 들 때가 많다. 초대장이 없으면 그때마다 왜 여기에 입장해야 하는지 소명해야 한다. 필자 또한 초대장을 갖고 있지 않은 탓에 끝없이 내가 누군지, 어떤 길을 걸어 왔는지 설명해야 했고 지금도 그렇다. 노력했지만 부족했고 그 부족함을 채워 줄 금전적 여유가 필자의 부모님에게는 없었다.

필자가 재테크에 몰입한 것은 어떻게 보면 당연한 일이다. 통행료가 부족했고 초대장을 갖지 못해 늘 결핍해 있었다. 미당 서정주의 시 「자화상」에 나오는 "스물세 해 동안 나를 키운 건 팔 할이 바람이다."라는 말을 빗대 자수성가한 사람들이 "나를 키운 건 팔 할이 결핍"이라고 하는데 그 말에 전적으로 공감한다.

실제 2003년의 일이다. 전용면적 12평짜리 서울 송파구 문정동 빌라를 법원 경매로 9000만 원에 매입했다. 보증금 1000만 원에 월세 10만 원 반지하에 살던 당시 결혼 날짜를 잡고 더 가열하게 돈을 모아 2000만 원을 마련했다. 주거의 안정성이 가장의 가장 큰 덕목이라 생각했다.

미래의 아내에게 열악한 주거 환경을 경험하게 하고 싶지 않았다.

　　예비 신부에게 혼수를 안 하는 조건으로 결혼 자금 1000만 원을 받아 집 매입 비용에 보탰다. 입던 양복 신던 신발로 결혼식장에 섰다. 결혼 축의금을 합쳐 4000만 원을 만들었고 5000만 원은 대출 받았다. 월세, 전세도 많은데 왜 빌라를 사느냐는 주위의 핀잔도 들었다. 그러나 해당 빌라는 재건축을 거쳐 아파트로 변신했다. 결핍의 결과물이라 말할 수 있다.

반드시 부자 되는 자동이체 투자법

4)
급한 일에 중요한 일을 양보하지 말라

누구나 당장 내일부터 부자가 되고 싶어 한다. 그러나 대다수의 사람들은 그렇게 막연한 기대만 하고 어제와 똑같은 오늘을 산다. 어제와 똑같이 살면서 더 나은 미래가 있기를 바라는 것은 미친 짓이다. 오늘 내가 어제의 나보다 좀 더 나은 모습을 갖기 위해선 움직여야 한다. 지금 바로 '선 투자, 후 지출'의 자동이체 투자법을 시작하고 시간이 우리의 편에 서도록 해야 한다.

서울 집값이 30평형만 해도 10억, 20억 하니까. 내 집 마련은 손을 놓고 현재의 즐거움에 더 빠져 있는 경우도 적지 않다. 그렇다고 현재의 즐거움을 온전히 누리느냐? 그것도 아니다. 급여의 상당 부분을 현재를 위해서 즐기는 데 쓰지만 항상 기저에는 미래에 대한 불안감, 재테크를 하지 못하는 아쉬움들이 깔려 있는 것이다. 자동이체 투자법은 현재를 즐겁게 살면서 미래도 대비하는 방법이다.

당장 현재 쓸 돈도 없는데 어떻게 재테크를 하냐고 반문한다. 돈이 없어서 재테크를 하지 못한다는 생각을 버려라. 돈 없고 가난하기 때문에 재테크를 하는 것이다. 부자들은 재테크를 할 필요가 없다. 부자는 원금이 보장되는 정기 예금만 해도 월급쟁이 보다 더 많은 이자를 받을 수 있다.

늘 급한 일에 허덕인다. 재테크는 급하면서 중요한 일이다.

시간이 없다고? 아내는 책을 네 권이나 냈다. 10년 전 한 주간지 객원 기자로 한창 바쁜 날을 살았다. 아이도 어려서 어린이집에 보낸 오전만 오롯이 시간을 가질 수 있었다. 그 시간을 쪼개 취재하고 살림도 했다. 그때 출판사에서 책을 내자는 제안이 왔다. "바빠서 도저히 시간을 낼 수 없다"며 완곡히 거절했다. 그때 출판사 담당자가 한 말이 아직도 잊히지 않는다. "저희 바쁘지 않은 사람에게는 책 내자는 제안을 하지 않습니다." 그 말 한마디에 없는 시간을 쪼개 책을 냈고 첫 책을 시작으로 이후 무려 네 권의 책을 출간했다.

최근 아내가 뜬금없이 연금저축에 대해 물었다. 평소 필자가 연금저축과 IRP 수익률을 설명하곤 했는데 뒤늦게 관심을 보인 것이다. 이때를 놓치지 않고 휴면 주식 계좌를 살리게 했고 국내에 상장된 미국 지수 추종 ETF와 국내 고배당주 ETF를 매달 매입할 것을 권했다. 프리랜서로 버는 얼마간의 돈에서 매달 20~30만 원씩 매수했고 1년이 지난 지금 수익률이 14%가 넘는다. 예금 이자로 치면 4~5배의 수익률을 달성한 것이다.

종목명	보유량	매입가	현재가	평가손익	수익률
ARIRANG 고배당주	48	12,811	14,660	85,155	13.77%
ACE 미국S&P500	48	16,500	19,090	124,050	15.66%
KBSTAR 미국나스닥100	48	16,966	20,095	149,450	18.35%
TIGER 미국배당다우존스	48	10,711	11,655	45,160	8.78%

아내 연금 계좌

안 된다, 못한다는 생각을 가지면 재테크를 할 수 없다. 돈 없고 시간 없고 방법을 모른다며 스스로 위안한다. 재테크를 남의 이야기처럼 본다. 어떻게 시작할지 모르는 것도 이유가 된다. 재테크를 하려면 적어도 몇 백만 원, 몇 천만 원이 있어야 할 것 같다. 하지만 재테크는 단돈 몇 천 원, 몇만 원만 있어도 가능하다. 시작하는 게 문제다.

재테크의 가장 큰 허들 중 하나가 바로 실행이다. 기념일처럼 '하루 날 잡고 하는 것'이 아니다. 뭔가 해야겠다는 생각에 재테크 공부한답시고 하루에 10~20분, 단순히 정보를 '수집'하는 데 그친다. "이게 유행이다, 저게 수익률이 좋다"라는 말만 듣고 또다시 하루를 넘긴다. "언젠가는 봐야지." 하며 고이 모셔 놓는다고 내 것이 되지 않는다. 당장 그날 해야 할 업무, 회식, 친구들과의 기분 좋은 술자리에 휘둘리다 보면 재테크는 어느새 주말 낮에 책상 앞에 앉아 해야 하는 지겹고 어려운 일이 된다.

항상 급한 일에 치여서 산다. 돌아서면 일이 산더미다. 정작 중요한 일은 차일피일 미룬다. 단순히 '언젠가 해야지.'라고 해 놓고 실제 실행을 하지 않는 이유는 우리가 '급한 일'에 너무 집중하고 있기 때문이다.

시간은 항상 없다. 평일은 일하느라 바쁘고 주말은 노느라 바쁘다. 급한 일과 중요한 일이 있으면 항상 급한 일부터 먼저 한다. 중요한 일을 먼저 하는 게 맞다. 중요하면서도 급한 일이라면 인생의 가장 우선순위에 둬야 한다. 그게 바로 재테크다. 재테크는 중요하면서도 급한 일이다.

　일단 내 돈을 넣고 시작부터 해야 한다. 자동이체 완료라는 엔터 키를 누르기 전까지는 다음이라는 건 없다. 은행 갈 시간이 없거나, 도장이 없거나, 주민등록증이 없거나, 발급번호가 40번이라 1시간 반 기다려야 하거나. 재테크를 향한 나의 굳은 심지를 꺾게 만드는 수많은 고비가 나타날 수 있다. 굳게 마음을 먹고 증권사 앱을 켰는데 OTP가 없고, 비밀번호가 생각이 나지 않을 수 있다. 쩔쩔매고 있는데 직장 상사로부터 전화가 온다. 그렇게 재테크는 또 하루 밀린다. 자동이체 걸어 놓기까지 절대 손을 놓으면 안 된다. 내일이란 없다.

돈은 귀인으로부터 나온다

귀인이 돈 벌어 준다고 했다. 옛날에 같은 경우는 사람이었지만 지금은 인터넷, 유튜브, 블로그 등을 통해 귀인을 접할 수 있다. 이제 본인은 어느 정도 부를 이뤘고 부를 쌓았던 방법을 불특정 다수에게 전하며 선한 영향력을 펼치는 사람들을 본다. 유료 강의는 본인의 명성과 이를 바탕으로 한 수익이 목적인 경우가 많은데 찐 부자들은 조건 없이 내놓는 경우가 대부분이다. 유튜브나 블로그, 투자 카페를 잘 찾아보면 좋은 콘텐츠를 어렵지 않게 찾아 볼 수 있다.

올바른 재테크 귀인을 만나기 위해선 재테크의 갈증이 있어야 한다. 재테크 관련 책도 읽고 인터넷을 통해 각종 자료도 찾아보고 오프라인 강의도 들어야 재테크 귀인을 만날 수 있다. 일단 본인 스스로 재테크 마중물을 부어야 한다. 어느 정도 노력을 통해 본인이 기본 체력을 갖고 있어야 함께 뛸 수가 있다. 자신은 뛰지도 않는데 손잡고 끌고 가길 원하면 안 된다. 투자를 할 때 본인의 기준과 판단이 뒷받침되지 않으면 한 번은 성공할 수 있지만 결국 실패할 수밖에 없다.

다시 말해 재테크에 대한 의지가 확실해야 재테크 시장에서 살아남을 수 있고 도와주는 귀인도 만날 수 있다. 재테크 서적이 잘 팔리지만 책을 쓴 사람 말고는 부자가 잘 되지 않는 이유는 재테크 서적을 통해 정신적 위안만 찾으려고 하기 때문이다. 또 주식, 코인, 갭 투자, 법원 경매, 스마트스토어 등 본업이 있다면 쉽지 않는 재테크인 경우가 대부분이다. 그런 면에서 자동이체 투자법은 현재 수익에 집중하고 그 수익을 자동이체로 시간이라는 황금 열쇠를 활용해 자산을 늘리는 것이다.

일단 이렇게 목표를 잡았다면 자동이체로 투자할 자산, 상품이 뭔지를 살펴보면 된다. 자동이체가 가능한 상품 모두가 공부 대상이고 투자할 대상이다. 그런 재테크 서적을 중심으로 열공 하면 된다. 유튜브에도 그런 정보가 넘쳐 난다. 개인적으로 미국 배당 주식을 공부할 때는 〈소수몽키〉와 〈슈페TV〉에서 많은 정보를 얻었다. 또 〈미래에셋연금TV〉도 자동이체 할 만한 좋은 펀드 상품 및 ETF상품을 추천해 준다.

필자 또한 개인종합자산관리계좌(ISA)계좌는 유튜브에 출연한 이상 건 미래에셋증권 투자와 연금센터 센터장이 지속적으로 강조해서 관심을 갖게 됐다. ISA 계좌가 있다는 것은 알고 있었지만 기존 자동이체로 투자하는 금액이 적지 않아 다른 투자처에 눈을 돌릴 여력이 되지 않았다. 목돈을 투입하지 못하더라도 하루라도 빨리 ISA 계좌를 만들라는 조언에 바로 실행했다.

ISA 계좌는 최소 3년 이상 유지해야 다양한 세제 혜택을 주기 때문에 가입 기간을 채워야 하기 때문이다. 가입하다 보니 관심을 갖게 되고 없는 월급을 쪼개 또다시 자동이체를 걸어 놓게 됐다. 현재 ISA 계좌에서는 리츠 6종목과 배당주 ETF 1종목을 담고 있다. 미국 국채와 한국 국채 대표 ETF도 각각 1종목씩 보유 중이다.

| 평가금액 ⓘ | ● 실시간 설정 | 신한서부티엔디리츠 | 265,835원 |
| **11,118,040원** | | 현금 345주 | (21.32%) |

평가금액 ⓘ ● 실시간 설정

11,118,040원

▲ 479,189원 (4.50%)

| 매수금액 | 10,638,851원 | 담보비율(체결) | 0.00% |
| 예수금(D+1) | 521 | 예수금(D+2) | 521 |

현금 ∨　평가금액 순 ∨　　　일괄매도 ↻ ☰

KBSTAR KIS국고채30···　　**160,375원**
현금 29주　　　　　　　　　　　(8.29%)

| 평가금액 | 2,095,250원 | 매수금액 | 1,934,875원 |

KODEX 미국30년국채울···　　**-96,475원**
현금 230주　　　　　　　　　　(-4.98%)

| 평가금액 | 1,840,000원 | 매수금액 | 1,936,475원 |

신한서부티엔디리츠　　　**265,835원**
현금 345주　　　　　　　　　　(21.32%)

| 평가금액 | 1,512,825원 | 매수금액 | 1,246,990원 |

이지스밸류리츠　　　　　**155,595원**
현금 278주　　　　　　　　　　(12.27%)

| 평가금액 | 1,423,360원 | 매수금액 | 1,267,765원 |

SK리츠　　　　　　　　　**81,640원**
현금 274주　　　　　　　　　　(6.58%)

| 평가금액 | 1,322,050원 | 매수금액 | 1,240,410원 |

신한알파리츠　　　　　　**-3,550원**
현금 199주　　　　　　　　　　(-0.28%)

| 평가금액 | 1,245,740원 | 매수금액 | 1,249,290원 |

코람코라이프인프라리츠　**-135,665원**
현금 239주　　　　　　　　　　(-10.85%)

| 평가금액 | 1,114,935원 | 매수금액 | 1,250,600원 |

ESR켄달스퀘어리츠　　　**49,480원**
현금 104주　　　　　　　　　　(10.79%)

| 평가금액 | 508,040원 | 매수금액 | 458,560원 |

ARIRANG 고배당주　　　**1,954원**
현금 4주　　　　　　　　　　　(3.63%)

| 평가금액 | 55,840원 | 매수금액 | 53,886원 |

최근 1년간 배당수익
477,889원

2023.06 ~ 2024.06 ∨　　　모든 종목 ∨

2024.06　　　　　　　　**185,363원**

06.28
SK리츠　　　　　　　　　16,434원
249주 X 66원

06.27
신한알파리츠　　　　　116,844원
182주 X 642원

06.10
이지스밸류리츠　　　　51,833원
246주 X 211원

필자 ISA 계좌 보유 주식 및 배당 내역

5)
과거로부터 배워 현재의 부를 쌓아라

　처음부터 고위험 고수익을 생각해서는 안 된다. 한두 번 실패하면 '재테크는 뭔 재테크'라며 자포자기하게 된다. 차근차근 저위험 저수익 상품부터 시작하는 것이 중요하다. 그리고 그 경험이 몸에 쌓여야 한다. 투자 노트를 만들어 알뜰히 적어 둔다면 작은 부자가 될 수 있는 티켓을 예매한 셈이다.

　30대에는 얼마나 자산을 가질지, 40대는 어떤 자산이 있었으면 하는지를 미리 그려 볼 필요가 있다. 거창하게 생애주기 목표라고 부르기도 하지만 나이대 별로 목표를 상상하는 것이다. 실행 가능성을 높이기 위해서는 단기-중기-장기로 기간별 목표를 설정해야 한다. 그에 맞는 우선순위도 정할 필요가 있다. '결혼 자금 마련을 위해 3년간 5000만 원을 A통장에 모으겠다'와 같은 구체적인 목표를 세우는 것도 고려해 볼 만하다.

목표가 생기면 월급이 뛰더라도 소비보다는 자동이체 규모를 좀 더 늘릴 것이다. 월급이 당장 늘어나지 않더라도 명확한 목표가 있다면 불필요한 소비를 좀 더 줄여 자동이체를 늘릴 수도 있다. 스마트폰에 다양한 지출 관리 앱이 있고, 신용카드 사용 기록과 연동되는 프로그램도 많다. 재테크는 잘못된 소비 습관을 고치고 불필요한 지출을 줄여서, 투자 자금을 마련하고, 안정된 투자 원칙, 즉 자동이체로 자산을 불려 나가는 과정이다.

수요가 몰리는 세계 1등 시장, 미국에 주목하라

어떤 자산이든 시장이 커지는 분야에 돈이 몰린다. 정부가 인위적인 개입을 하지 않는 이상 가격은 수요 공급의 원리에 정해진다. 지금 황

제주로 꼽히는 엔비디아만 봐도 그렇다. 제품 수요는 늘어나는데 공급은 제한적이니까 부르는 게 값이 된다. 엔비디아의 영업이익률은 무려 65%다. 제조업 평균 영업이익률은 5~6%이다. 현대자동차그룹의 영업이익률이 한때 10%를 넘어 화제가 됐다. 네이버의 영업이익률은 16~17% 사이다.

미국 주식이 인기를 끄는 것도 전 세계 주식 수요가 몰려들기 때문이다. 미국 주식시장에 참여하면 글로벌 1등 기업에 투자할 수 있다. 메이저리그와 같다. 야구 좀 하는 선수라면 미국 메이저리그 진출을 꿈꾸듯이 어느 나라건 1등 하는 기업은 미국 주식시장에 입성하려고 한다. 최근 주식시장에서 미국 투자가 필수인 이유도 이 때문이다.

미국 주식 투자는 15년 전부터 관심을 가졌고 연금저축펀드에 담은 것은 10년 전, 직접 투자한 것은 5년 전부터다. 배당주 중심으로 투자했다가 지금은 나스닥 100과 S&P500 ETF를 중심으로 매달 적립식으로 투자한다. 최근에는 국내에서 인기 미국 ETF를 벤치마킹한 상품도 쏟아지고 있다. 미국의 대표 배당성장 ETF인 '슈왑 US 디비던드 에쿼티

ETF(SCHD)'를 벤치마킹한 '한국판 SCHD' 상품들이 대표적이다.

연금저축펀드 계좌에 해외 자산을 담은 지난 2015년에는 ETF 시장이 본격적으로 열리기 전이라 각 증권사별 대표 해외 펀드를 선택했다. 미국을 비롯해 중국, 인도, 유럽, 베트남 등에 매달 5만 원씩 총 25만 원을 자동이체로 투자했다. 1년에 300만 원. 연금저축펀드에 25만 원씩을 투자해 연금저축보험과 함께 연간 연금저축 투자 금액은 600만 원으로 연말정산을 받을 수 있는 최대치를 맞췄다.

10년 가까이 해외 펀드를 불입하다 보니 주요국 경제 상황이 수익률로 바로 확인이 됐다. 경제 신문 기자인 만큼 주가를 통해 주요국 경제 동향을 알고 싶다는 생각도 있었는데 실제 수익률을 보면 해당 국가 경제 상황이 손에 잡혔다. 한때 수익률 50%가 넘었던 중국은 30% 가까이 마이너스 수익률을 기록한 뒤 회복 중이다. 인도 펀드는 시작하자마자 마이너스를 기록해 속을 태웠는데 지금은 수익률 100%를 넘었다. 자동이체를 통한 적립식 투자의 위대함을 다시 한번 확인하게 된다.

〈현재 수익률〉

연금펀드	ETF	현금

48,204,423원
18,017,935원 (59.69%)　　　　　전체상품

한화 중국본토증권자투자신탁H (주식) S-P
4,964,736원
-835,264원 (-14.40%)　　　　5,800,000원 투자

한국투자 연금베트남증권자투자신탁 (주식혼합...
10,690,624원
4,852,624원 (83.12%)　　　　5,838,000원 투자

슈로더 유로연금증권자투자신탁 (주식-재간접) S
6,873,038원
1,423,038원 (26.11%)　　　　5,450,000원 투자

연금펀드	ETF	현금

　　　　　　　　　　　　　　　　전체상품

AB 미국그로스증권자투자신탁(주식-재간접형) 종...
10,378,585원
4,928,585원 (90.43%)　　　　5,450,000원 투자

미래에셋 연금인디아업종대표증권자투자신탁1...
13,464,572원
7,416,084원 (122.61%)　　　　6,048,488원 투자

VIP 한국형가치투자증권자투자신탁[주식] 클래...
1,832,868원
232,868원 (14.55%)　　　　1,600,000원 투자

〈과거 수익률〉

31,079,111원
10,742,623원 (34.56%)

중국주식　　　　　　　　　　**5,340,361원**
한화 중국본토증권자투자신탁　1,190,361원　28.68%
H (주식) S-P
1,413.05　▼31.35　2.17%　　4,150,000원 투자중 ＞

아시아신흥국주식혼합　　　　**6,961,504원**
한국투자 연금베트남증권자투　2,773,504원　66.23%
자신탁 (주식혼합) S-P
1,440.27　▼9.10　0.63%　　4,188,000원 투자중 ＞

유럽주식　　　　　　　　　　**4,871,503원**
슈로더 유로연금증권자투자신　1,071,503원　28.20%
탁 (주식-재간접) S
1,439.33　▼4.33　0.30%　　3,800,000원 투자중 ＞

북미주식　　　　　　　　　　**7,168,490원**
AB 미국그로스증권투자신탁 (　3,368,490원　88.64%
주식-재간접형) S-P
2,698.61　▼16.02　0.59%　　3,800,000원 투자중 ＞

인도주식　　　　　　　　　　**6,737,253원**
미래에셋 연금인디아업종대표　2,338,765원　53.17%
증권자투자신탁1호 (주식)C...
1,342.20　▲4.71　0.35%　　4,398,488원 투자중 ＞

필자 연금저축펀드 계좌 투자 현황

반드시 부자 되는 자동이체 투자법

'참 잘했어요' 배당 투자로 스스로에게 위안받기

투자도 지칠 때가 있다. 이렇게까지 아껴서 현재의 행복을 포기해야 하나라는 자괴감이 생길 수 있다. 개인적으로 배당 투자가 이러한 자괴감의 특효약으로 작용했다. 돈 잘 버는 기업, 배당을 줄 정도로 재무상태가 괜찮은 기업의 성과를 나눠 갖는 게 바로 배당 투자다.

대부분의 증권사들이 배당금이 입금되면 카카오톡으로 배당금 내역을 알려 준다. 그런 카톡을 받을 때마다 '잘하고 있어'라는 응원 메시지 같이 느껴진다. 종목을 잘 고르다 보면 매달 배당 카톡을 받을 수 있다. 배당금으로 재투자해 복리의 마법을 노릴 수 있고 아니면 배당금만큼 인출해 원하는 곳에 소비하며 스스로를 토닥거리는 것도 재테크라는 긴 마라톤에서 지지치 않는 방법이다. 배당 문자는 재테크의 활력소이자 충전소다. 특히 배당 투자를 지속적으로 하고 배당금 또한 배당 재투자를 하면 배당을 받을 때마다 배당금 규모가 조금씩 자라는 것을 눈으로 확인할 수 있다.

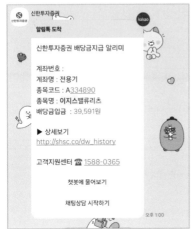
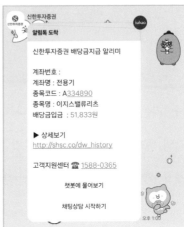

필자 리츠 배당금 지급 카톡 화면

반드시 부자 되는 자동이체 투자법

6)
투자 부채는 OK, 소비 부채는 NO

부채를 무서워해야 한다. 신용카드 역시 미래의 소득을 당겨쓰며 사실상 부채를 쌓는 행위다. 그래서 체크카드를 써야 한다. 한번 써 본 사람은 알 것이다. 카드 현금서비스는 끊기가 무척 어렵다. 높은 수수료에도 불구하고 늘 들어오는 월급은 같고 지출 또한 줄일 수가 없어서 결국 다시 현금서비스를 받는 악순환이 이어진다. 이때 월급은 소비를 위한 도구이지 재테크를 위한 도구가 아닌 셈이다.

현재의 행복을 위해 미래의 행복을 끌어 쓰는 행위가 바로 부채를 얻어 소비하는 것이다. 재테크하면 오히려 증가할 돈을 현재의 소비를 위해 그것도 미래 소득을 끌어와 소비한다는 것은 말이 안 된다.

회계에는 할인율이라는 것이 있다. 미래 가치를 시장금리(할인율)로 나눠 현재 가치로 환산한다.

예를 들어 현재 현금 1000만 원을 연 3%의 이자로 은행에 예치하면 1년 뒤 1030만 원을 받는다. 반대로 미래에 통장에 있을 1000만 원을 3%의 할인율을 적용하면 970만 원이 된다. 투자에는 이자가 뒷받침되지만 부채를 통한 소비는 할인율이 적용된다고 할 수 있다. 그래서 소비용 부채가 늘어나면 늘어날수록 할인율만큼 미래에 부자 될 가능성은 낮아진다.

반면 투자를 위한 부채는 적극 고려해 볼 만하다. 집을 사거나 전세를 얻기 위해 은행에 돈을 빌리는 것에는 찬성이다. 다만 감당할 수 있는 부채이어야 한다. 국가에선 DSR(총부채원리금상환비율)이라고 해서 매년 원리금 상환 액수가 연 소득의 40% 이내가 되도록 했다. 대출 갚는 기간을 길게 잡으면 연봉의 5~6배까지 빌릴 수가 있는데 갚을 이자가 너무 많아진다. 개인적으로 연봉의 3배까지는 대출을 고려해 볼 만

반드시 부자 되는 자동이체 투자법

하다. 짧고 굵게 빚을 갚으면서 전체 이자 규모를 최대한 줄여야 한다.

자산의 증식을 위한 투자 부채는 또 다른 자동이체 투자법이라고 할 수 있다. 개인이 하는 자동이체 투자는 한 달 빼 먹으면 돈이 쌓이지 않는 것으로 끝나지만 부채를 통한 자동이체는 하루 건너뛰면 연체 이자를 내야 한다. 강제 투자인 셈이다. 감당할 부채는 긴장감을 만든다. 투자용 부채를 갚는 게 스트레스일 수도 있겠지만 자산이 늘어간다는 생각을 하면 돈 갚는 것이 즐거울 수도 있다.

많은 이들은 갑자기 들어온 상여금 등의 여윳돈을 여행에 투자하거나 명품을 사는 데 소비한다. 쓸 이유를 억지로 만든다. 부채가 있으면 삶이 타이트해진다. 나이키 신발을 사 신을 것을, 같은 기능의 프로스펙스를 사게 될 수도 있다. 하지만 그 사람의 가치는 그가 신는 신발, 입는 옷으로 평가받지 않는다. 진정한 부자는 그 사람 자체로 평가받는다. 소비하면서 누리는 즐거움은 그 깊이가 얇다. 자산을 늘리면서 누리는 즐거움은 훨씬 길고 강하다.

몇 년 전 서울 강동구 고덕동에 있는 아파트에 살 때다. 매번 바뀌는 경비 아저씨 중에 유독 표정이 밝은 분이 있었다. 다른 경비 아저씨들과 달리 옷도 늘 깨끗하게 다려 입고 다녔고 만날 때마다 눈인사로 반갑게 맞아 줬다. 고압적 자세나 너무 저자세로 입주민을 대하지 않았다. 늘 당당했다. 얼굴이 익어 인사를 나누다가 그 이유를 알게 됐다. 인근 하남 미사지구에 소유한 아파트가 있는 것은 물론 공무원 연금도 적잖이 나와서 노후 생활에 전혀 문제가 없었던 것. 그래도 마냥 노는 것은 아니다 싶어 경비일을 한다고 했다. 필자보다 더 좋은 차로 출퇴근하는 모습에 부럽기까지 했다.

이처럼 자산이 있느냐 없느냐에 따라 같은 일을 하더라도 마음가짐이 달라진다. 금전적 자산은 하기 싫은 것을 하지 않을 권리를 갖는 무기인 것은 물론 자존감을 지켜 주는 방패막이 역할도 한다. 이는 나이가 들수록 여실히 실감한다.

젊을 때는 라면만 먹어도 당당하다. 신혼 때는 아내가 콩나물 가격을 일일이 비교해 가며 한두 푼 아끼는 게 예뻐 보일 수 있다. 그러나 나이

들어서 먹고 싶은 거 못 먹고, 눈이 침침해진 아내가 식료품 가격 비교하며 싼 것만 찾는 것을 목격하는 건 여간 서러운 일이 아니다. 모임 회비가 아까워 소파에 앉아 TV만 보는 남편을 보는 것도 고역이다. 노년 이후에 돈이 없는 것만큼 비참한 일은 없다. 은퇴 이후에 하기 싫은 일을 하지 않기 위해서, 내 시간을 온전히 보내기 위해서 금전적 여유는 반드시 필요하다.

가끔 후배들이 자동이체 투자법을 강권하면 "빚이 많아 재테크할 돈이 없다", "빚부터 먼저 갚고 재테크는 나중에 하겠다"고 한다. 물론 매월 따박따박 나가는 이자를 아끼기 위해선 빚 갚는 것은 우선이다. 때문에 대부분 사람들은 빚만 갚으면서 다른 재테크를 신경 쓰지 않는다.

하지만 이것은 잘못된 선택이다. 기존 빚 갚은 것이 전체 100이라면 이를 90으로 줄이고 10은 투자할 필요가 있다. 재테크는 축적의 시간이라고 했다. 준비도 안 되고 경험도 없는 상태에서 빚을 다 갚았다고 '이제 재테크 좀 해 볼까?'라고 돌아보지만 사실 대부분이 어디에 투자할지 모른다. 재테크의 근육이 하나도 없기 때문이다.

빚을 갚더라도 재테크는 외면하지 말아야 한다. 재테크 근육을 유지할 필요가 있다. 운동선수들이 야외 운동을 못하면 이미지 트레이닝이라도 하듯이 소액으로 하는 재테크는 지속적으로 해야 한다.

7)
재테크의 최종 목표는 '선한 재테크' 영향력

재테크로 성공해 부자가 되는 것은 나도 행복하고 주변도 함께 행복해지는 일이 아닐까. 나는 이것을 금전적인 선한 영향력이라고 부르고 싶다. 진정한 부자는 돈의 규모와 크기보다는 이로 인해 함께 많은 사람과 행복을 나누는 사람일 것이다. 행복을 나누는 사람이 가족일 수 있고 종업원일 수 있다.

금전적으로 안정이 되면 일단 개인의 행복을 가꿀 수 있는 조건을 갖추게 된다. 그 다음은 바로 가족이다. 스스로 행복할 조건을 갖췄다면 그 조건 안으로 가족을 초대해야 한다. 부자가 된다고 해서 혼자 행복할 수는 없다. 가족에게 경제적 여유를 제공해 함께 행복하다면 그 행복은 더 커질 것이다.

사실 가정의 평화는 물질에서 나온다. 돈이 없으면 자존감이 떨어지고 유혹에 쉽게 노출된다. 금전적으로 안정될 때 진정 내 삶을 챙길 수 있다. 무엇보다 돈이 없으면 가족들한테 다양한 기회를 줄 수도 없다. 자녀들 공부는 대신해 줄 수 없으나 좋은 환경에 좀 더 나은 집단에 넣어 줄 수는 있다. 이를 통해 좀 더 나은 대학을 나온다면, 좀 더 나은 직장에 들어간다면, 좀 더 빨리 자신만의 사업을 할 수 있다면 경제적 자유 또한 남들보다 더 빨리 누릴 수 있을 것이다.

좀 더 확장해 보자. 나와 인연을 맺고 있는 사람, 그것이 직장에서건 아님 지역에서건 함께 많은 시간을 보내고 있는 사람들이 행복하다면 재테크의 선한 영향력이 본격 작동되고 있다고 할 수 있다. 받는 행복보다 주는 행복이 더 좋다고 하지 않았나?

혼자만 부자가 되겠다고 욕심을 부리면 탈이 날 수밖에 없다. 그릇이 안 되는데 너무 많은 돈을 탐하는 것이 정답은 아니다. 너무 큰 집에 살면 집 기운에 눌린다는 옛말이 있다. 돈도 감당할 수 없는, 이른바 '돈 체력'이 없는 사람은 큰돈에 짓눌린다. 돈이 그 사람을 망가트릴 수 있다. 복권 맞은 사람들의 5~10년 후가 안 좋은 이유다. 돈은 행복한 삶을 살기 위한 수단일 뿐이다.

선한 영향력, 나보다 힘든 사람들을 위해 급여의 1%는 기부

필자도 개인적으로 월급의 1% 정도는 기부하고 있다. 급여가 올라갈 때마다 1만 원씩 높아지는 구조다. 직접 시간을 내거나 아니면 직접 참여해서 봉사활동을 할 수 없기 때문에 필자의 도움이 필요한 곳에 금전적 기부를 한다.

처음에는 월드비전에 기부를 했는데 지금은 부산에 있는 마리아수녀회에 매달 기부를 하고 있다. 마리아수녀회는 이혼 또는 미혼인 상태에서 임신 또는 출산을 해서 도움이 필요한 미혼모자들에게 숙식 및 의료 서비스를 제공하고 있다. 사회 일원으로서 누군가를 돕고 있다는 안도

감, 심리적 위안으로 따지면 기부 금액보다 더 크게 돌려받고 있다고 느낀다.

정신적으로 선한 영향력을 주는 사람이 종교인이라면 금전적으로 선한 영향력을 주는 것은 누구나 마음만 먹으면 할 수 있다. 그게 기부일수 있고 아니면 재테크 지식일 수 있다. 이 책을 사회초년생인 부서 막내기자와 함께 쓰는 것도 이의 연장선상이라고 할 수 있다. 이를 통해 재테크의 기초를 다지고 여기에 더해 자신만의 재테크 스타일을 구축해 자산을 늘려 갈 것으로 기대한다. 이후 자신만의 재테크 노하우를 새롭게 회사에 들어온 후배들에게 전해 주는 선순환이 자리 잡길 기원해 본다.

Part 2

자동이체 준비 운동
: 재테크 근육을 키워라!

Part 2에 들어가기 전
꼭 알아야 할 이야기

1. 재테크에 '무작정' 덤벼들지 말고 얼마를 벌고 얼마를 쓰는지부터 파악하라!
2. 혼자 힘으로는 버겁다. 최고 조력자는 '정부'다. 정부는 사회초년생을 위해 돈을 모아 주기도 하고, 세금을 돌려주거나 안 내게 해 주고 있다.
3. 먼 애기처럼 느껴질 수 있지만 은퇴는 생각보다 금방 찾아온다. 직장인이라면 누구나 활용하는 퇴직연금부터 '현생'에 집중할 수 있는 TDF에 대한 공부가 필요하다.
4. 카카오, 토스에서는 원하는 종목을 매달마다 원하는 만큼 살 수 있고 네이버에서는 주거비를 아낄 수도 있다. 간단하고 효율적인 서비스만 잘 활용해도 당신은 이미 초짜 투자자가 아니다.

1)
무작정 투자하기 전에 너 '자산'부터 알자

자산부채표 + 현금흐름표

: 현재 자산을 정확히 파악해 자동이체 가능한 금액을 파악하자

십 대 무렵, 공부를 제대로 하겠다고 결심하며 학원에 등록했을 때 학원 입학시험을 통해 내 위치를 확인하는 것처럼 자동이체 재테크의 첫 단계도 나의 재산 상태를 '정확하게 아는 것'부터 시작된다. 나의 자산과 부채가 상황이 어떤지, 또 매월 얼마를 벌고 얼마를 쓰는지 생각해 본 적이 없는 사람이 대다수다. 일단 종이에다 써 보자. 엑셀을 다룰 수 있다면 더 좋겠다.

자산부채상태표 (예시)
20OO년 O월 O일 기준

(단위: 만원)

자산		부채와 순자산	
항목	금액	항목	금액
현금성자산		단기부채	
수시입출금식예금	500	신용카드 잔액	200
CD (만기 6개월)	500	마이너스통장	800
소계	1,000	소계	1,000
금융투자자산		장기부채	
정기적금	1,000	주택담보대출 잔액	10,000
주식	500	자동차할부 잔액	200
적립식 펀드	1,000	학자금대출 잔액	300
연금저축	500	소계	10,500
소계	3,000	총부채	11,500
부동산자산			
거주아파트	25,000		
소계	25,000		
개인사용자산			
자동차	1,000		
소계	1,000		
		순자산	18,500
총자산	30,000	총부채 + 순자산	30,000

출처 : 금융감독원

반드시 부자 되는 자동이체 투자법

막상 쓰려고 하니 어디서부터 어떻게 써야 할지 모르겠다고? 쉽게 생각하자. 시작이 반이다. 기업이 자산과 부채를 비교할 때 쓰는 '대차대조표'처럼 당신만의 개인 자산 대차대조표를 만들면 된다. 이름을 좀 더 쉽게 '자산부채표'라고 크게 적고 시작해 보자.

우선 왼쪽은 자산 항목이다. 일반적으로 월급통장으로 쓰이는 수시입출금식 예금과 같은 현금성자산을 먼저 적는다. 그 다음 적금을 들고 있다면 어떤 적금인지, 얼마를 투자하는지 기록한다. 주식이나 적립식 펀드, 연금저축 상품도 같은 방식이다. 이것들은 모두 금융 투자자산이다. 아파트, 자동차도 소유하고 있다면 포함시켜라. 당신이 가진 모든 자산을 일단 적어라.

그리고 오른쪽에 부채를 적자. 신용카드 사용액, 마이너스 통장, 주택담보대출 잔액, 자동차할부 잔액, 학자금대출 잔액 등 빚진 모든 것들을 적는다. 이때 상환 기간에 따라 구분(단기, 장기)해 기록하자. 마지막 줄에는 순자산을 적는데 이는 총자산에서 총 부채를 뺀 금액이다.

현금흐름표 (예시)
2000년 1월 1일~12월 31일

유입		유출	(단위: 만원)
항목	금액	항목	금액
근로소득		저축 및 투자	
본인 근로소득	3,000	정기적금	300
배우자 근로소득	2,500	적립식 펀드	400
소계	5,500	연금저축	300
재산소득		소계	1,000
이자	200	고정지출	
소계	200	국민연금 등 사회보험료	510
기타 현금 유입		세금	100
대출(마이너스통장)	800	대출 상환액	1,300
소계	800	보장성 보험료	290
		소계	2,200
		변동지출	
		식료품 및 외식비	800
		교육비	600
		교통비	200
		통신비	200
		주거 · 수도 · 광열비	240
		의류 · 신발구입비	260
		기타생활비	800
		소계	3,100
		미확인 유출	200
총유입	**6,500**	**총유출**	**6,500**

출처 : 금융감독원

반드시 부자 되는 자동이체 투자법

자산부채표를 만들었다면, 한눈에 내가 어떤 재무 구조를 가진 사람인지 알 수 있을 것이다. 다만 자동이체 재테크를 위해서는 현금흐름표를 추가로 만들어야 한다. 자동이체로 걸어 놓을 투자 금액과 목표를 설정하게 위함이다. 자산이나 부채만 안다고 내가 자동이체 할 부분을 한번에 알 수 있는 것은 아니다. 현금이 어떻게 흐르고 빠져나가는지 알아야 어떤 부분을 구조조정하거나 줄여서 자동이체 금액을 추가로 확보할 수 있는지 알 수 있게 된다.

한 달을 기준으로 한다면 왼쪽에는 월급부터 마이너스 통장에서 들어온 현금까지 당신에게 유입된 모든 금액을 적는다. 오른쪽에는 유출된 금액이다. 적금으로 빠져 나간 50만 원, 다달이 넣고 있는 국민연금까지 말이다. 중요한 건 고정지출과 변동지출로 나눠야 한다는 것이다. 이때도 왼쪽의 총유입액과 오른쪽의 총유출액은 자산부채표처럼 일치해야 한다.

part1에서 언급했던 나이대별 투자법이 활용될 시점이다. 당신이 재테크에 열정적인 20대라면 총유입의 저축 및 투자 부문의 비중은 80%

여야 한다. 반대로 고정 및 변동 지출의 비중은 20%면 된다. 30대라면 각각 70%, 30%로 바뀐다. 저축 및 투자, 그리고 지출 항목 옆에 내 월급에 따른 규모를 써 놓고 이를 최대한 지키려고 노력해야 한다. 성과급을 받는 등 추가 유입이 있을 때에도 추가 유입액에 나이대별 투자법을 적용시켜 반영한다.

당장 저축 및 투자의 세부 항목에 적금 하나 있는 사람이 대부분일 것이다. 빈칸만 여러 개 남겨 놓자. 어떤 상품이 빈칸에 적혀야 할지는 이제부터 part2와 part3 전반에 걸쳐 상세하게 소개할 것이다.

투자 성향 파악하기 : 당신은 공격투자형? 위험중립형?

자산부채표와 현금흐름표를 통해 자신의 재무 상태와 월별, 주별 현금 흐름을 파악했다면 그 다음 스텝은 '투자 성향'에 대한 진지한 성찰이다. 얼마만큼의 투자 위험을 감수할 것인가에 대한 대답은 저마다 다르다. 누군가는 안정적인 수익률에도 만족하는가 하면 또 누군가는 리스크를 감수하고서라도 높은 수익률을 원한다. 당신이 후자에 조금 더 마음이 끌린다면 한 가지만 기억하자. 기대수익이 높은 투자법은 원금손실의 위험도 높다.

나는 한 가지 종류의 자산에 자금을 모두 투자하기보다는 수익성, 안전성, 유동성을 고려하여 다양한 자산에 분산하는 '포트폴리오'에 관심을 가질 것을 권한다. 처음부터 주식이나 예금에만 올인하는 전략은 유연성이 떨어진다.

20대 혈기에 '주식'에 돈 큰돈을 넣었다가 피 본 사람을 여럿 봤다. 투자성향은 언제든지 바뀐다. 특히 투자 철학이 정해지지 않은 사회초년생은 더욱 그렇다. 포트폴리오 전략은 위험을 분산할 수 있고 내 마음대로 지분을 조정할 수 있어 매력적이다. 기대 수익도 예상보다 높다.

예를 들어 공격투자형은 주식을 60%, 채권을 30%, 예금을 10%로 가져갈 수 있다. 반대로 안정형은 예금을 60%, 채권을 40% 담을 수 있다. 위험중립형의 경우 주식과 채권을 40%씩 선택하고 예금 비중을 20%로 낮출 수 있다.

내 투자 성향을 정했다면 현금흐름표의 총유입-저축 및 투자 부문에 각 상품별 비중을 적어 놓는 것이 좋다. 우리의 투자는 반드시 그 비중을 지키는 방식으로 이뤄져야 한다. 갑자기 특정 채권이나 주식이 좋다는 얘기를 듣고 투자 비중이 무너지는 순간 자동이체 재테크의 근간이 흔들린다. 마음이 혼란스러울 때 볼 수 있게 최대한 큰 폰트로 비중을 적어 놓자.

연금 포털 확인하기

: 나의 연금 자산은 얼마나 있는가? 은퇴를 대비하자

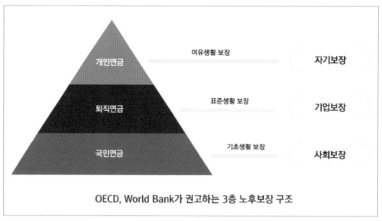

출처 : 우리은행

반드시 부자 되는 자동이체 투자법

내 자산에 대한 감이 좀 왔다면 이제 연금을 확인해야 한다. 벌써 고비다. 연금 확인이라니. 대다수의 사회초년생들에게는 지루하게 느껴질 수 있다. 그러나 연금을 고려한 투자는 가장 안전하고 확실한 투자다. 연금 투자만 잘해도 10년, 20년 후의 미래는 크게 달라진다. 아무리 아끼고 저축하고 투자한다고 해도 장기적인 재무 목표가 없다면 동기부여가 떨어진다. 지속하기 힘들다.

이제 막 월급을 받기 시작한 사회초년생이 제일 간과하는 사실이 뭘까. 바로 월급이 유한하다는 것. 30년 동안 직장 생활을 한다고 가정해봐도 고작 360번의 월급을 받을 뿐이다. 우리나라 국민의 평균 은퇴시점은 55세다. 국민연금을 65세부터 받을 수 있는 점을 고려하면 소득공백기만 약 10년이다.

은퇴 후 재취업이 녹록치 않은 현실을 고려하면 360번은 결코 많은 숫자가 아니다. 삼백여 회의 월급을 통해 내 미래를 위한 노후 설계를 끝내야 한다. 때문에 은퇴 후 연금은 중요하다. 재테크의 처음이자 마지막이라고 할 수 있다. 내 연금 상태가 흰 도화지처럼 백지 상태라면 상품을 채워 넣는 것이 재테크의 시작이다. 작지만 소중한 월급을 어떻게 미래의 나에게 전달할 수 있을까. 해답은 연금에 있다.

〈예시연금액〉   〈노후필요자금〉

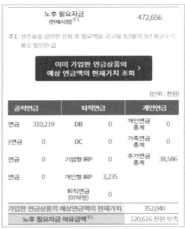

통합연금포털 '내 연금조회' 상세화면 예시, 출처 : 금융감독원

금융감독원의 '통합연금포털'에 들어가야 한다. 홈페이지 접속 후에 회원 가입을 마치고 이용하면 금융권 전체에 흩어진 나의 개인연금과 퇴직연금 그리고 국민연금의 정보를 조회할 수 있다. 아직 연금에 대한 이해도가 부족하다고? part2의 연금 파트에서 자세하게 설명할 테니 걱

반드시 부자 되는 자동이체 투자법

정할 필요 없다.

금융감독원이 운영하는 통합연금포털에 들어가면 나의 연금 정보를 한번에 확인할 수 있다. 2023년 말 기준으로 아직 찾아가지 않은 퇴직연금은 무려 1100억 원에 달한다. 6만8324명이 본인이 다니던 회사가 폐업하거나 도산한 이후에도 퇴직연금의 존재 자체를 모르고 있는 것이다. 적어도 이 책을 읽는 당신은 그 7만여 명에 해당될 일이 없다.

포털 검색창에 '통합연금포털'을 친 후 '내 연금조회'를 클릭하자. 그러면 내가 납입 중인 퇴직연금부터 국민연금, 개인연금의 개시 년도, 예상연금 수령액, 미래 가치 연금 예상액까지 확인할 수 있다. 또 납부 총액, 납부 월수, 수령 정보 등 전반적인 가입 정보까지 한눈에 볼 수 있다.

아울러 연령별로 각 연금을 통해 받게 될 예상 금액까지 한번에 알 수 있고 가족이 있는 경우 가족의 연금 정보를 추가할 수도 있고 산출 가정을 변경할 수도 있어 편리하다. 모바일로도 가입 및 조회가 가능하다. 처음 이용할 때는 금융권 전체를 뒤지는 탓에 내역 확인까지 2~3일 정도 걸린다. 시간 날 때 미리 회원 가입 해 두는 것이 좋다.

반드시 부자 되는 자동이체 투자법

2)
정부가 같이 돈을 투자해 주는 상품은 '꼭'

내 자산과 현금흐름, 그리고 연금 구조까지 확인했다면 이제 본격적으로 재테크 장바구니를 설정할 차례다. 당신이 사회초년생이라면 반드시 '청년정책금융 장바구니'부터 살펴야 한다. 정부가 청년들의 주거 안정과 목돈 마련을 위해 비과세, 소득공제 등 각종 세제 혜택부터 2%대 저금리 대출, 생애주기별 우대금리까지 갖춘 정책금융 상품을 쏟아내고 있다. 소득 조건만 맞는다면 가입 조건도 까다롭지 않다. 가입 안 하는 사람이 손해다. 자동이체 금액도 크지 않아 진입 장벽도 낮다. 조건에 맞는다면 무조건 가입하자.

무주택 청년에 최대 '연 4.5%' 금리 주는

청년 주택드림 청약통장

 기존 청년 전용 청약통장보다
완화된 **가입요건, 높은 이자율**과 **납입한도** 등 적용
* (가입요건) 소득 연 3천 6백만 원 → **5천만 원 이하,**
(이자율) 최대 4.3 → **4.5%,** (납입한도) 월 50 → **100만 원**

 또한, 해당 통장으로 청약당첨된 경우
최저 2.2%의 저금리로 **분양가의 80%**까지
구입자금 지원

출처 : 국토교통부

우선 기존에 있던 청년 우대형 청약통장을 확대 개편한 '청년 주택드림 청약통장'이 있다. 기존 우대형 청약통장 요건은 연소득 3600만 원, 무주택 가구주였다. 반면 주택드림 청약통장의 경우 소득이 연 5000만 원 이하인 만 19세 무주택 청년이라면 가구주 여부와 관계없이 가입할 수 있다. 가입 문턱이 낮춰진 것이다.

기존에 일반 청약통장을 가지고 있었던 경우 가입 요건만 충족하면

반드시 부자 되는 자동이체 투자법

기존 가입 기관과 횟수, 금액이 인정된 상태로 전환할 수 있다. 또 최대 연 4.5%의 우대금리는 통장 전환 후 납입한 금액부터 적용된다. 기존에 청년 우대형 청약통장에 가입한 사람이라면 별도 신청 없이 자동으로 상품이 전환된다.

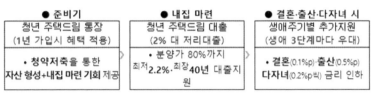

청년 내집 마련 1·2·3 정책, 출처 : 국토교통부

청년 주택드림 청약통장을 사용해 아파트에 당첨되면 전용 저리 연계 대출인 '청년주택드림대출'까지 받을 수 있다. 분양가 6억 원 이하(전용 면적 85㎡ 이하) 아파트 청약에 당첨된 만 20~39세 청년이 대상이다. 최저 연 2.2%의 낮은 이율로 분양가의 최대 80%까지 대출이 지원되며 미혼은 연소득 7000만 원 이하, 기혼은 부부 합산 1억 원 이하를 대상으로 한다. 청년 주택드림 청약통장에 1년 이상 가입해 1000만 원 이상 납입한 가입자여야만 혜택을 받을 수 있고 만기는 최대 40년까지 설정할 수 있다.

청약에 당첨된 후에 결혼이나 출산할 때도 우대금리가 주어진다. 결혼 때는 0.1%p, 최초 출산 때는 0.5%p, 추가 출산할 때는 한 명당 0.2%p씩 우대금리가 가산되며 금리는 최대 연 1.5%까지 내려갈 수 있다. 예를 들어 주택드림 청약통장으로 3기 신도시 남양주 왕숙에서 전용면적 60㎡ · 분양가 3억4000만 원짜리 주택에 당첨됐다고 가정하면 연계 대출로 연 2.7% 금리를 적용받을 때 원리금상환액은 월 93만 원 수준이다. 최저 우대금리(연 1.5%)를 적용받으면 월 상환액은 73만 원까지 떨어진다.

매월 70만 원씩 5년 붓고 5000만 원 만드는 청년 도약계좌

출처 : 금융위원회

　'청년도약계좌'도 있다. 아마 '청년희망적금'을 기억하는 사람이 있을 건데, 그 확장판 개념이라고 생각하면 된다. 매월 70만 원 한도로 5년간 납입하면 이자와 정부 기여금 등을 더해 약 5000만 원을 만들 수 있도록 설계됐다. 목돈이라고 불릴 수 있는 금액의 최소 단위는 5000만 원이다. 20대 후반에 취업했다고 가정하면 30대 초반에 무조건 목돈을 만들어 주는 효자 상품이다. 가입 대상은 만 19세 이상 34세 이하로, 연간 총급여 7500만 원 이하이면서 가구소득 중위 180% 이하인 경우다. 만약 총급여가 기준을 넘을 경우 정부 기여금 없이 비과세 혜택만 제공된다.

청년도약계좌는 70만 원이라는 월 한도 내에서 원하는 금액(가입자가 선택하는 월 설정 금액 40만 · 50만 · 60만 · 70만 원의 배수로 설정)을 원하는 시기에 자유롭게 납입할 수 있다. 또 중도에 납입이 없더라도 계좌는 유지되며 가입자가 급전이 필요한 경우를 대비해 협약 은행별로 청년도약계좌를 담보로 하는 대출도 운영 중이다.

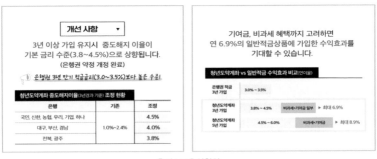

출처 : 금융위원회

반드시 부자 되는 자동이체 투자법

청년도약계좌 가입에 있어 가장 걸림돌은 '5년'이라는 긴 기간이다. 이에 정부는 올해부터 청년도약계좌를 3년 이상 유지했을 시 중도에 해지하더라도 비과세 조치를 적용하기로 했다. 또 혼인, 출산 등의 사유로 계좌를 중도 해지할 경우엔 비과세 혜택과 정부지원금을 일괄 지급할 예정이다. 또 가입 3년 만에 중도 해지해도 3.8~4.5%의 기본 금리가 적용된다. 은행권에서 판매하는 3년 만기 적금 금리는 3.0~3.5%에 불과하다.

비과세 혜택, 정부지원금, 기본 금리 혜택을 종합하면, 연 2400만 원 이하 소득을 가진 사람이 매달 70만 원씩 납입하다가 3년 만에 해지할 경우 얻는 수익은 연 6.9%에 달한다. 5년 만기 해지 시 받을 수 있는 연 최대 8.9% 수익보다는 적지만, 은행권에서는 찾아보기 힘든 수준이다.

연말정산 때 최대 40만 원 돌려받는
청년형 소득공제 장기펀드

청년형 소득공제 장기펀드	
신규 가입	2024년 12월 31일
소득 기준	총 급여액 5000만 원 이하 또는 종합소득금액 3800만 원 이하
가입 대상	만 19~34세 청년
최대 납입 금액	연 600만 원
소득공제 범위	납입금액의 40%(최대 240만 원)
조건	최소 가입 기간(3년) 이내 해지 시 납입 금액의 6.6% 추징

세금을 아끼면서 목돈을 마련할 수 있는 절세형 투자금융 상품 '청년형 소득공제 장기펀드'도 눈여겨보자. 가장 큰 혜택은 월 50만 원씩 최대 연간 600만 원 한도로 납입하면 소득공제 규모가 납입금의 40%인 240만 원에 달한다는 것. 이 경우 투자자들은 연말정산 시 세율 16.5%(과세표준 연소득 1400만~5000만 원 구간 대상자)를 적용하면 최대 연간 39만6000원을 환급받아 5년간 총 198만 원을 돌려받을 수 있다.

청년형 소득공제 장기펀드는 연소득 5000만 원 이하거나 종합소득 기준으로는 3800만 원 이하인 만 19세부터 34세의 청년이라면 가입할 수 있다. 병역 의무를 이행했다면 나이 산정 때 최장 6년 범위에서 실제 복무 기간을 빼 준다.

해당 펀드는 국내 주식에 40% 이상 투자하는 것을 기본 골자로 하고 나머지 자산은 채권과 지수, 미국 주식 등 금융사별 운용 전략에 맞춰 포트폴리오를 구성한다. 따라서 개인의 투자 성향에 맞게 안정성을 우선한다면 지수 추종 상품이나 배당주를 중심으로 구성돼 등락 폭이 낮은 상품을 선택하면 된다.

유의할 부분은 청년펀드에 가입하고 최소 3년의 의무 가입 기간을 유지해야 소득공제 혜택을 받을 수 있다는 것이다. 만약 3년이 되기 이전에 중도 해지를 할 경우 소득세(지방소득세 포함 6.6%)가 추징될 수 있다. 또 가입 기간 중 연소득 8000만 원, 종합소득액 6700만 원을 초과할 경우 소득공제 혜택이 중지된다.

반드시 부자 되는 자동이체 투자법

3)
정부가 이미 낸 세금을 돌려주는 상품은 '반드시'

part1에서 강조한 노년의 자존심은 결국 연금에 달려 있다. 정부도 도 와준다. 연금 상품에 가입하면 많게는 150만 원이나 매년 돌려준다. 노 후 빈곤으로 투입해야 하는 정부 세금을 아끼기 위해서다.

연금 상품은 국민연금과 같은 공적연금, 기업이 보장하는 퇴직연금, 그리고 개인 차원에서 들 수 있는 개인연금으로 나뉜다. 앞서 언급한 '통 합연금포털'에서 확인할 수 있는 바로 그 연금들이다. 이때 개인연금은 연금 납입 때 세액공제 여부에 따라 세제 적격, 비적격 연금으로 분류된 다. 노후 대비 목적 외에도 세금 혜택이 있기 때문에 반드시 챙겨야 한다. 세금을 돌려받을 수 있는 세제 적격 상품에는 연금저축과 개인형 퇴직연금(IRP)이 있다.

누구나 가입 가능한 연금저축, 모두가 가입해야

구분	증권사	은행	손해보험사	생명보험사
계좌구분	연금저축펀드계좌	연금저축신탁	연금저축보험	연금저축보험
납입방식	자유적립 (월정액 가능)	자유적립 (월정액 가능)	매월 정액	매월 정액
적용금리	실적배당	실적배당	공시이율(변동금리)	공시이율(변동금리)
연금수령방식	확정기간형 (제한없음)	확정기간형 (제한없음)	확정기간형 (최대25년)	확정기간형/종신형
원금보장/예금보호	비보장/비보호	보장/보호	보장/보호	보장/보호
수수료(사업비)	현 적립액에 비례하여 부과	현 적립액에 비례하여 부과	매월 납입 보험료에 비례하여 부과	
상세	자유로운 납입가능 다양한 펀드, ETF 투자 환매수수료 없음 중도인출 가능 원금비보장	예금자보호법적용	원리금 보장 (사업비 제외 후 투자금) 금리 하락 위험 노출 사업비(수수료)높음 납입 중단시 실효	원리금 보장 (사업비 제외 후 투자금) 종신연금 가능 금리하락으로 인한 수익률하락 가능 사업비(수수료)높음 납입 중단시 실효

금융회사별 연금저축계좌, 출처 : 삼성증권

연금저축은 판매금융사에 따라 연금저축펀드 · 연금저축보험으로 구분된다. 이름에서 알 수 있듯 증권사는 연금저축펀드, 보험사는 연금저

반드시 부자 되는 자동이체 투자법

축보험을 판매한다. 연금이라는 이름이 들어가 있지만 연금보험·변액
연금보험은 세제 비적격 상품, 즉 세금 공제 혜택이 없어 조심해야 한다.

연금저축보험은 보험사에서 약정된 이율을 제공하는 원리금 보장형
상품이다. 보험사가 자체 운용이익률이나 시중금리 등을 고려해서 금
리를 정한다. 최저 보증 이율이 있기 때문에 원금 손실이 발생하지 않고
5000만 원까지 예금자 보호가 된다는 것이 가장 큰 장점이다.

연금저축펀드는 증권사와 은행에서 개설할 수 있고 펀드와 상장지수
펀드(ETF), 리츠 투자가 가능한 상품이다. 펀드라는 명칭에 걸맞게 직
접 계좌 내 다양한 상품들을 포트폴리오에 구성해 운용할 수 있다. 투자
대상을 개인이 직접 선택해야 하는 만큼 시장 상황에 대한 이해도가 높
아야 유리하다.

종합소득 과세표준	총 급여액(근로소득금액만 있는 경우)	세액공제 한도	공제율
4500만 원 이하	5500만 원 이하	600만 원	16.5%
4500만 원 초과	5500만 원 초과		13.2%

*지방소득세율 포함

출처 : 금융감독원

가장 중요한 세액공제율의 경우 총급여가 5500만 원 이하이면 16.5%(지방세 포함)다. 총급여가 5500만 원이 넘으면 13.2%가 된다. 연금저축의 세액공제 한도는 600만 원이다. 600만 원을 꽉 채웠다면 각각 99만 원, 79만2000원씩 공제가 되는 것이다.

다만 55세 이후 연금을 수령할 때에는 향후 몇 살부터 연금을 받는지에 따라 최소 3.3%에서 최대 5.5%의 연금소득세를 내야 한다. 연금소득세율은 수령 당시 나이 기준으로 55~70세(5.5%), 70~80세(4.4%), 80세 이상(3.3%)다.

세액공제 혜택을 받으려면 최소 5년 이상 가입해야 하고, 연금은 만 55세 이후에 10년에 걸쳐 나눠 받아야 한다. 통상적인 경우 중도에 해지하면 16.5%의 기타소득세를 납부해야 한다. 부득이한 경우로 연금의 납부가 불가능한 경우라면 중도 해지보다는 납입 중지 또는 납입 유예 제도를 활용하는 것이 좋다.

장기적으로 운영해야 하는 연금저축계좌의 특성상 지금 당장 수익률

반드시 부자 되는 자동이체 투자법

이 높은 펀드보다는 꾸준히 성장할 수 있는 상품을 담는 것이 좋다. 당장의 변화가 크진 않더라도 수익률이 꾸준하게 우상향하는 그런 상품 말이다. 미국을 비롯해 인도, 베트남 등 성장하는 국가의 펀드를 담는 것을 추천한다. 자세한 설명은 part3의 신흥국 부분과 part4에 소개된 수익률이 높은 상품들을 참고하면 된다.

세액공제의 마법사 IRP, 프리랜서&알바에게도 문호 개방

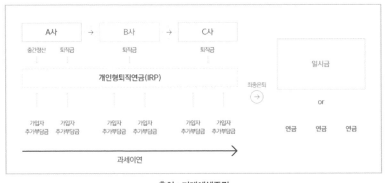

출처 : 미래에셋증권

개인형 퇴직연금(Individual Retirement Pension)은 퇴직연금 상품 중 하나로 퇴직이나 이직 시 발생하는 퇴직금을 수령하는 계좌다. IRP

는 과거에 근로소득자만 가입이 가능했다. 이젠 IRP는 소득이 있는 사람이면 누구나 개설 가능해 자영업자·프리랜서·군인 등도 가입할 수 있다.

IRP의 납입 한도는 연간 1800만 원으로, 이 중 900만 원까지는 세액공제를 받을 수 있다. 세액공제율은 총급여가 5500만 원 이하일 경우 16.5%, 5500만 원 초과일 경우 13.2%다. 소득 구간에 따라 최대 148만 5000만 원까지 환급받는다.

IRP는 유연하게 자산을 운용할 수 있다. 예금·보험과 같은 원리금 보장 상품부터 펀드·상장지수펀드(ETF)·실적배당보험·국내 상장 파생결합증권(ETN)·리츠·인프라펀드 등과 같은 실적배당형 상품까지 거의 모든 유형의 금융 상품을 운용할 수 있다. 각자의 투자 성향에 맞게 금융시장의 변화를 따라가며 투자할 수 있다.

다만 한도 규정이 있어 주식형 펀드, ETF, 리츠와 같은 위험자산이 잔고의 70%를 초과할 수 없다. 또한 한 은행이나 증권사에서 2개 이상의 계좌를 만들 수 없다. 은행과 증권사에서 각각 1개씩 만들거나 다른 은행 2곳에서 만드는 것은 가능하다.

30% 안전자산은 대부분 국내 예금 상품을 넣는 것이 일반적이다. 어떤 예금 상품을 IRP에 담으면 좋은지는 part4에 자세히 담았다. 전체의 70%인 투자 상품은 S&P500, 나스닥 100 등 미국 지수를 추종하는 국내 상장 해외 ETF나 반도체, 2차전지 등 테마 ETF에 골고루 투자 중이다. 국내 상장 해외 ETF에 대한 자세한 설명은 part3를 참고하면 된다. 어떤 테마 ETF가 인기를 끌고 있는지도 part4를 참고하면 좋다.

투자에 낯선 초보자면 IRP 디폴트 옵션을 선택하는 것도 고려해 볼만하다. 디폴트(기본 설정값)만 정해 놓고 아무런 조치를 하지 않아도 일정 기간(4~6주)이 지나면 이에 따라 현금성 대기자산이 아닌 사전지정상품을 자동 매입하는 제도다. 가입자는 디폴트 옵션을 설정했더라도 언제든지 일반 금융 상품으로 변경할 수 있다.

중도 인출은 까다롭다. IRP 적립금은 무주택자의 주택 구입, 요양 등 법정 사유에 해당돼야 인출할 수 있다. 또 원칙상으로 일부만 빼낼 수는 없고 전액을 인출해야 한다. 만약 개인회생·파산, 주택구입·전세보증금 등에 해당할 경우 예외적으로 일부를 인출할 수 있고 3.3~5.5%의 연금소득세가 적용된다.

연금저축 vs IRP 한눈에 비교하기

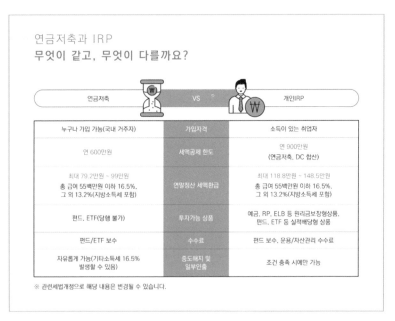

연금저축과 IRP
무엇이 같고, 무엇이 다를까요?

연금저축	VS	개인IRP
	가입자격	
누구나 가입 가능(국내 거주자)		소득이 있는 취업자
	세액공제 한도	
연 600만원		연 900만원 (연금저축, DC 합산)
	연말정산 세액환급	
최대 79.2만원 ~ 99만원 총 급여 55백만원 이하 16.5%, 그 외 13.2%(지방소득세 포함)		최대 118.8만원 ~ 148.5만원 총 급여 55백만원 이하 16.5%, 그 외 13.2%(지방소득세 포함)
	투자가능 상품	
펀드, ETF(당행 불가)		예금, RP, ELB 등 원리금보장형상품, 펀드, ETF 등 실적배당형 상품
	수수료	
펀드/ETF 보수		펀드 보수, 운용/자산관리 수수료
	중도해지 및 일부인출	
자유롭게 가능(기타소득세 16.5% 발생할 수 있음)		조건 충족 시에만 가능

※ 관련세법개정으로 해당 내용은 변경될 수 있습니다.

연금저축과 IRP계좌의 차이점, 출처 : 우리은행

반드시 부자 되는 자동이체 투자법

연금저축과 IRP의 가장 큰 차이점은 '한도 금액'이다. IRP와 연금저축 모두 연간 납입 금액으로 환급받을 수 있는 세액은 '13.2%(총급여 5500만 원 초과)~16.5%(총급여 5500만 원 이하)'로 같다. 다만 한도가 서로 달라 환급받을 수 있는 금액이 달라진다.

연금저축계좌는 연간 최대 600만 원 한도로 세액공제를 받을 수 있지만 IRP는 900만 원까지 가능하다. 최대 납입액에 따라 환급액이 얼마나 달라질까? 우선 연금저축계좌에 세액공제 한도인 600만 원을 납입하면 소득 구간에 따라 최대 79만2000~99만 원을 환급받을 수 있다. IRP에 900만 원을 납입하면 최대 118만8000~148만5000만 원으로 환급 금액이 크게 늘어난다.

따라서 고정 소득이 있고 연간 저축 여력이 900만 원 이상이라면 IRP에 저축하는 편이 더 많이 세액공제를 받을 수 있다. 통상 연금저축에 600만 원, IRP에 300만 원을 각각 나눠 투자하는 경우가 많다. 다시 한 번 강조하지만 연금저축은 나이, 소득 여부에 아무런 가입 제한이 없고 근로자가 아니어도 가입할 수 있다. 반면 IRP는 직장인, 자영업자, 프리랜서 등 소득이 있는 사람으로 한정된다.

중도 인출에 있어 차이점이 두드러진다. 연금저축이 IRP보다 자유롭다. 연금저축은 계좌를 유지하면서 필요한 경우 특별한 조건 없이 부분 중도 인출이 자유롭다. 다만 16.5%의 기타소득세를 내야 하므로 신중해야 한다. 세제상 불이익을 받지 않으려면 여유자금만 불입하는 편이 좋다.

IRP는 무주택자의 주택 구입, 요양 등 법정 사유를 제외하고는 중도 인출을 엄격히 제한하고 있다. 일종의 '자물쇠'가 달렸다. 급하게 돈이 필요한 경우에 중간에 일부만 빼낼 수 없고 전액 인출하는 방법밖에 없다. 일부 인출이 가능한 경우는 개인회생·파산, 요양, 천재지변, 주택 구입·전세보증금 등만 해당한다. 이때 세율은 3.3~5.5%(연금소득세)가 적용된다.

계좌 관리 수수료도 차이점 중의 하나다. 연금저축펀드와 달리 IRP는 계좌 관리 수수료를 부과한다. 수수료는 금융회사마다 차이가 나는데 평균 적립금의 0.3% 수준이다. 최근에는 홈페이지나 모바일 애플리케이션 등 비대면 방법으로 IRP에 가입하거나 퇴직급여를 IRP에 이체하면 수수료를 면제하거나 낮춰 주는 금융회사가 늘어나고 있다.

꼭지별 핵심!

1. 13월의 월급을 챙기고 싶다면 연금저축 · IRP계좌는 반드시 가입해라.
2. 연금저축계좌는 연간 최대 600만 원, IRP는 900만 원까지 가능하다.
3. 중도 인출은 금물! 세액공제 한도 이상의 돈을 넣지 말자.

4)
정부가 세금을 안 내게 해 주는 상품은 '무조건'

"1억 굴려도 세금 없다고?" 세제 혜택 끝판왕 'ISA 계좌'

목돈 만들기에 최적화된 개인종합자산관리계좌(ISA)는 지난 2016년 도입된 절세 계좌다. 19세 이상이라면 누구나 가입할 수 있다. 최소 가입 기간은 3년으로 연 2000만 원 이내로 5년간 최대 1억 원까지 납입할 수 있다. 예금, 펀드, 주가연계증권(ELS) 등 여러 금융 상품을 담을 수 있다.

종류	채권, 주식투자 가능 "중개형"	예금도 필요하다면 "신탁형"	전문가가 대신 운용하는 "일임형"
투자 가능 상품	채권, 국내상장주식, 펀드, ETF, 리츠, 상장형 수익증권, 파생결합증권/ 사채, ETN, RP	리츠, ETF, 상장형수익증 권, ETN, 펀드, 파생결합 증권/사채, 예금, RP	펀드, ETF 등
투자 방법	고객이 직접 투자 상품을 선택		미래에셋증권 투자전문 가의 포트폴리오로 일임 운용
보수 및 수수료	투자 상품별 수수료 및 보수	신탁보수: 연 0.20% (연 1회 후취)	일임수수료: 연 0.10% / 연 0.50% (상품 유형별 상이, 분기 후취)
모바일 비대면 계좌 개설	일반형 가능	불가	불가

* 투자 가능 상품은 금융기관 및 상품 유형에 따라 일부 차이가 있을 수 있음

출처 : 미래에셋증권

ISA 혜택은 더욱 커질 예정이다. 자산 증식에 대한 국민들의 관심이 커지자 정부가 ISA 활성화에 나섰기 때문이다. 기획재정부는 지난 7월 3일에 '역동경제 로드맵'을 발표하면서 연간 2000만원(총 1억 원)인 ISA 납입 한도는 연간 4000만원(총 2억 원)까지 늘리기로 했다. 이자 또는 배당 소득에 대한 비과세 한도도 500만 원(일반형)·1000만 원(서민형)으로 증액한다.

ISA는 전 금융기관에서 계좌 단 한 개만 가입할 수 있어 가입하기 전에 ISA의 종류를 잘 살펴봐야 한다. 운용 방식은 신탁형과 일임형, 투자 중개형 등 3가지다. 은행에서 가입할 수 있는 신탁형은 투자자가 종목·수량에 대해 운용지시를 하면 운용역이 이를 시행하는 방식이다. 일임형은 고객의 투자 성향에 맞게 금융사가 만들어 놓은 포트폴리오를 고르면 그에 맞게 상품을 담는 형식이다.

나는 투자중개형을 추천한다. 투자중개형 ISA는 주식, 상장지수펀드(ETF), 펀드, 리츠, 회사채 등에 투자자가 직접 분산투자할 수 있다. 이때 비과세 혜택을 최대한 활용할 수 있는 '고배당주'를 많이 담는 것이 효과적인 투자 방법이다. 방금 전에도 언급했지만 일반적으로 주식 배당금에는 15.4%의 이자소득세가 붙는다. 그러나 ISA 계좌는 배당금에 대해 400만 원(서민형)까지 비과세되고 400만 원이 넘는 배당소득세에 대해서도 9.9% 세율로 분리과세 된다. 이것이 핵심이다.

주식·ETF 등에 자유롭게 투자…
"순수익 400만 원까지 비과세"

유형	일반형	서민형	농어민
가입 요건	만 19세 이상 또는 직전연도 근로소득이 있는 만 15세~19세 미만 대한민국 거주자	직전연도 총급여 5천만 원 또는 종합소득 3천8백만 원 이하 거주자	직전연도 종합소득 3천8백만 원 이하 농어민 거주자
비과세 한도	200만 원	400만 원	400만 원
비과세 한도 초과시	9.9% 저율 분리과세 적용		
의무 가입 기간	3년		
납입 한도	연간 2천만 원, 최대 1억 원 (당해년도 미불입 납입 한도는 다음 해로 이월 가능)		
중도 인출	총 납입 원금 내에서 횟수 제한 없이 중도 인출 가능 (인출 금액만큼 납입 한도가 복원되지 않음)		
추가 필요 서류	[만15~19세 미만] 개인종합자산관리계좌 가입용 '소득확인증명서'	개인종합자산관리계좌 가입용 '소득확인증명서'	개인종합자산관리계좌 가입용 '소득확인증명서' 및 '농어업인확인서' 등

* 가입요건은 가입 및 만기 연장 시만 확인 필요 (별도 유지요건 없음)

출처 : 미래에셋증권

다시 한번 강조하지만 ISA의 가장 큰 장점은 수익을 내도 일정 금액까지 세금을 내지 않는다는 것. 이자·배당소득에 대해 일반형은 200만 원, 서민형 및 농어민은 400만 원까지 비과세 혜택을 제공한다. 초과 이익분에는 9.9%의 분리 과세하고 계좌 내 상품의 수익과 손실을 통산해 순수익에 대해서만 과세한다. 가입 후 3년을 유지해야만 비과세 혜택을 제공한다.

특히 실질적인 순이익에 대해서만 세금을 매기는 것이 큰 장점이다. 일반 계좌처럼 이익을 본 모든 상품에 대해 세금을 매기는 것이 아니라 인출 시점까지 계좌에 들어 있는 모든 상품의 손익을 합쳐 세금을 부과하는 손익 통산 방식을 적용하기 때문에 절세 혜택이 더 크다.

ISA 계좌에서는 해외 주식이나 ETF 거래를 거래할 수는 없다. 하지만 국내에 상장된 해외투자 ETF는 거래할 수 있다. 연금 계좌나 ISA 계좌가 아닌 일반 주식 계좌에서는 국내 상장된 해외 ETF 매매 차익의 15.4%를 양도소득세로 내야한다. ISA 계좌를 통하면 국내에 상장된 해외 ETF는 매매 차익과 분배금을 모두 배당소득으로 간주해 400만 원까지 절세 효과를 누릴 수 있다.

절세 효과가 큰 ISA인 만큼 배당이 큰 고배당주 ETF 혹은 리츠를 담는 것이 좋다. 통상 시가 배당률이 3~4%를 넘는 주식을 '고배당주'라고 칭한다. 배당주의 경우 15.4%의 배당세를 내야 하는데 ISA 계좌에서는 400만 원까지 비과세다. 고배당 종목에 분산투자할 수 있는 상장지수펀드(ETF)를 눈여겨보는 것도 ISA 계좌를 활용하는 좋은 방법이다. 수익의 90% 이상을 배당해야 하는 리츠도 대표적인 고배당 상품 중 하나다. 자세한 설명은 part3에서 이어질 예정이며 part4에서 어떤 상품이 효율적인지 소개하겠다.

지금까지 조금이라도 수익 실현을 해 본 투자자라면 공감할 수 있을 텐데 '비과세'가 붙은 상품은 그리 많지 않다. part1에서 필자의 ISA 계좌를 봤을 것이다. ISA 계좌에서는 배당을 목적으로 한 리츠 6종목과 배당주 ETF 1종목을 담고 있다. 미국 국채와 한국 국채 대표 ETF도 각각 1종목씩 보유 중이다.

> **꼭지별 핵심!**
>
> 1. 투자중개형을 선택해 주식, 상장지수펀드(ETF), 펀드, 리츠, 회사채를 모두 담자.
> 2. 당신이 ISA 계좌에서 얻은 수익 400만 원은 모두 당신의 것이다.
> 3. 국내 상장된 해외투자 ETF에 투자할 수 있음을 적극 활용해라!

5)
저절로 모이는 자동이체로 '부자 은퇴' 실현하자

임금상승률 보장된다면 회사가 운영하는 'DB형'

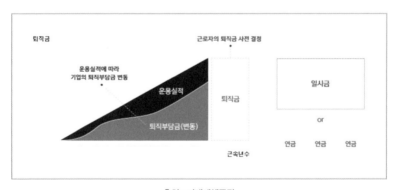

출처 : 미래에셋증권

반드시 부자 되는 자동이체 투자법

앞서 통합연금포털에서 언급한 퇴직연금이 다시 등장했다. 퇴직연금은 회사가 사전에 금융기관에 일정 금액을 정기적으로 적립해, 근로자가 퇴직 후에 연금형태나 일시금으로 퇴직급여를 받을 수 있게 만든 제도다. 퇴직연금에는 확정급여형(DB: Defined Benefit)과 확정기여형(DC: Defined Contribution)이 있다. 회사에 따라 둘 중 하나를 택하거나 둘을 혼합한다.

DB형은 회사가 금융사와 계약해 적립금을 운용한다. 근로자는 퇴직때 사전에 확정된 퇴직급여를 받기 때문에 수익률에 신경 쓰지 않아도된다. DB형은 퇴직 때 받는 '퇴직급여'가 퇴직 직전 3개월 평균 임금에 근속연수를 곱해 결정한다. 승진할수록 급여가 꾸준히 올라가는 탄탄한회사에 다닌다면 DB형은 합리적인 선택이 될 수 있다. 임금상승률이 퇴직연금의 운용수익률을 이긴다면 연금 운용을 어떻게 할지, 근로자 입장에서 골치 아픈 고민을 할 필요가 없다.

확정기여형 제도(DC)보다 운용 책임이 회사에 있다 보니 안정적으로운용해 수익률이 낮을 거라고 생각할 수 있다. 원리금보장형의 경우 DB

형이 DC형보다 수익률이 높다. 2023년 말 기준 국내 11개 은행의 퇴직

연금 수익률은 원리금 보장형의 경우 △DB형 4.1% △DC형 3.7%로 나

타났다.

답답한 퇴직연금 수익률, 내가 직접 관리하는 'DC형'

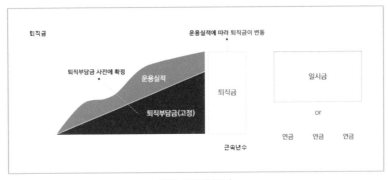

출처 : 미래에셋증권

DC형은 근로자가 금융사와 직접 계약한다. 회사는 적립금을 넣어 주

기만 하고 근로자가 상품 운용을 책임진다. 회사가 매년 연간 임금의 12

분의 1 이상을 부담금으로 납부하고 근로자가 이를 알아서 굴려 나간다.

운용 책임이 근로자에게 있는 만큼 최종 퇴직급여의 수준도 내가 얼만

큼 운용하느냐에 따라 달라진다.

DC형은 원리금 비보장형의 경우 수익률이 크게 올라간다. 은행권의 2023년말 퇴직연금 수익률을 △DC형 13.7% △DB형 9.9% △IRP 13.6% 등으로 나타났다. 다만 2022년의 경우 은행권의 원리금 비보장형 수익률은 △DC형 −15.75% △DB형 −6.92% △IRP −15.98% 등 일제히 마이너스를 나타냈다. 금리 인상에 따른 증시 변동성 심화로 많은 타격을 받은 것. 변동성이 큰 금융시장에 맞서 근로자가 스스로 DC형을 굴리면서 높은 수익률을 유지하기 쉽지 않다는 방증이다.

DB형과 DC형의 가장 큰 차이점은 관리 주체이지만 다른 점도 존재한다. 내가 DB형에 가입된 상태라면 DC형으로 전환할 수 있다. 다만 DC형에서 DB형으로 전환할 수는 없다. 또 DB형은 퇴직연금을 중도에 인출할 수 없는 반면 DC형은 무주택자의 주택 구입, 전세금 등의 법정 사유가 충족될 경우 중도 인출이 가능하다.

세제 혜택 위해서는 '연금 수령'···
"연간 한도 1500만 원 주의해야"

세법상 인출순서	재원	연금수령(주)	연금 외 수령
	세액공제 받지 않은 개인납입액	과세 제외	과세 제외
	퇴직금	퇴직소득세 30% (실제 연금수령연차 11년 차부터는 40%) 감면하여 연금소득세 분리과세	원래 냈어야 할 퇴직소득세 분류과세
	세액공제 받은 개인납입액 및 운용 수익	수령 시점 연령에 따라 3.3~5.5% 연금소득세 분리과세 (지방소득세 포함. 단, 年 연금수령액 세전 1500만 원 초과 시 종합과세 또는 지방소득세 포함 16.5%의 분리과세 선택 가능)	연말정산 시 세액공제율과 무관하게 16.5% 기타소득세 분리과세 (지방소득세 포함)

나이	원천징수세율
만 55세~69세	5.50%
만 70세~79세	4.40%
만 80세 이상	3.30%

주) 만 55세 이상 가입자가 가입한 지 5년 이상 지난 IRP를 연금개시 신청하여 연금수령한도* 이내의 금액을 받는 것을 말합니다.
(퇴직금이 있는 계좌는 가입한 지 5년 지나지 않아도 연금 개시 신청 가능)

출처 : 삼성증권

　적립 방식만큼이나 중요한 것이 세제 혜택을 좌우하는 '인출 방식'이다. 퇴직연금에 가입해도 주택마련이나 대출자금 상환 용도로 일시금으로 수령하면 연간 연금 수령 한도를 넘은 '연금 외 수령'으로 계산된다.

　　　　　　　　반드시 부자 되는 자동이체 투자법

만약 근로자가 연금 외 수령, 즉 퇴직금을 일시에 받을 경우 퇴직금에 퇴직소득세가 부과된다. 2023년의 경우 퇴직소득세율은 6~45%에 달했고 또 퇴직금을 활용해 얻은 수익에 대해서도 16.5%의 기타소득세가 매겨진다.

반면 연금으로 받으면 어떻게 될까? 우선 퇴직소득세는 기존의 70%만 부과된다. 또 수령 조건이 된 후 11년 차 이후부터는 수령분에 대해서는 60%만 부과된다. 아울러 매년 연금 수령 한도 안에서 연금 계좌 적립금을 인출할 때는 '연금소득세'를 내게 된다. 이때 나이에 따라 연금소득세율이 다르다.

세율은 △55세 이상 70세 미만 5.5%, △70세 이상 80세 미만 4.4%, △80세 이상이 3.3%로 연금 수령 개시 시점이 늦어질수록 세율이 낮아진다. 1년 차는 최초 연금 수령일이 속한 해부터 계산한다. 즉 연금으로 수령해야 퇴직소득세는 30~40% 가량, 운용수익에도 3.3~5.5%의 저율 과세 효과를 얻을 수 있다.

"회사생활도 바쁜데 퇴직연금 언제 신경 쓰지"

알아서 자산 배분 'TDF'

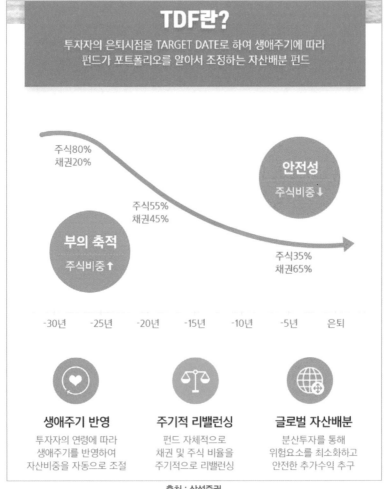

TDF란?

투자자의 은퇴시점을 TARGET DATE로 하여 생애주기에 따라
펀드가 포트폴리오를 알아서 조정하는 자산배분 펀드

주식80%
채권20%

안전성
주식비중↓

주식55%
채권45%

부의 축적
주식비중↑

주식35%
채권65%

-30년   -25년   -20년   -15년   -10년   -5년   은퇴

생애주기 반영
투자자의 연령에 따라
생애주기를 반영하여
자산비중을 자동으로 조절

주기적 리밸런싱
펀드 자체적으로
채권 및 주식 비율을
주기적으로 리밸런싱

글로벌 자산배분
분산투자를 통해
위험요소를 최소화하고
안전한 추가수익 추구

출처 : 삼성증권

반드시 부자 되는 자동이체 투자법

퇴직연금 가입자를 위한 금융 상품인 '타깃데이트펀드(TDF)'는 투자자의 은퇴시점(Target Date)를 고려해 위험자산과 안전자산의 비중을 자동으로 조정하는 '자산배분 펀드'다. 어떤 연금 상품을 선택해야 할지 모르는 '결정장애'를 가진 직장인에 안성맞춤이다. 나도 퇴직연금의 50%를 TDF로 구성했다. part4의 마지막 부분으로 가면 최근에 TDF의 수익률이 높은지 알 수 있다.

젊을 때는 주식 등 위험자산 비중을 높이고 은퇴할 연령에 가까워지면 예·적금, 채권 등 안전자산 비중을 늘리는 방식이다. 가입자가 선택한 은퇴 시점에 맞춰서 자체적으로 자산 비중을 조절해 준다.

지나치게 안정적으로 운용하면 물가, 임금 상승률을 따라갈 수 없고 너무 고수익만 추구하게 되면 노후 자금이 위험해진다. 이에 TDF는 다양한 주식과 채권에 골고루 분산투자한다. 국외에도 적절히 자산을 배분해 국내 투자 시 발생할 수 있는 위험을 회피하면서 새로운 수익을 찾기도 한다.

TDF에 가입하기로 했다면 '은퇴 시점'부터 정해야 한다. 예를 들어 1980년생 직장인이 55세에 은퇴할 계획을 하고 있다면 은퇴 시점은 '2035년'이 된다. 이제 목표 시점과 일치하는 TDF를 선택하면 된다. '빈티지', 즉 은퇴시기를 말하는 TDF 상품명 뒤에 붙은 네 자리 숫자를 살펴보고 선택하면 된다. 2035년 근처에 은퇴하고 싶다면 TDF 2035를 선택하고 만약 그보다 보수적인 투자 성향이라면 TDF 2030, 공격적이라면 TDF 2040을 선택하면 되는 것이다.

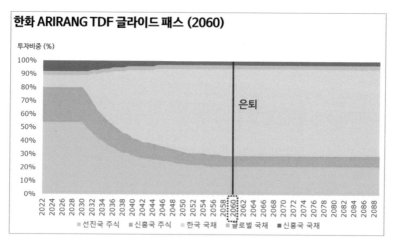

한화 ARIRANG TDF 글라이드 패스 (2060)

출처 : 한화자산운용

이 책을 읽는 독자들이 사회초년생인 점을 고려할 때 많은 사람들은 TDF 2060에 관심이 많을 것이다. 한화자산운용의 '아리랑(ARIRRANG) TDF 2060액티브'는 국내에서 유일하게 은퇴 시점을 오는 2060년으로 맞춘 상품이다. 해당 상품은 자산 축적 단계에서 자산의 대부분을 주식에, 나머지는 채권 등 이자지급형 자산에 배분한다. 이후 시간이 지나면서 주식 비중은 줄이고 투자자의 은퇴가 가까워질수록 안전자산의 비중을 늘린다.

TDF 선정에 있어서는 '수익률'도 챙겨야 하는 요소다. 3~6개월 또는 1년 단위의 수익률보다는 3년 이상의 장기 수익률을 확인해야 한다. 또 빈티지가 같은 TDF끼리 비교해야 한다. 그래야 리밸런싱 주기와 방법 등 운용 전략이 어떻게 다른지, 그에 따른 수익률 차이가 얼마나 차이 나는지 파악할 수 있다. 수익률은 포털사이트의 증권 섹션에서 빈티지 별로 비교하거나 직접 자산운용사 홈페이지에 접속해 펀드명을 검색한 후 확인할 수 있다.

장기 투자 상품에 있어 '수수료'도 굉장히 중요하다. 보수 차이가 작게

나더라도 복리 효과로 향후 총 수익률에 큰 영향을 끼칠 수 있기 때문이다. 이때 TDF의 투자 대상인 하위 펀드에 딸린 보수 '합성 총보수'도 함께 살피는 것이 좋다.

글로벌 주식, 채권, 대체 자산에 분산투자하는 만큼 환율 변동에 따른 위험도 고려해야 한다. 이름 끝에 [H]가 붙으며 환헤지를 하는 것이고 [UH]는 하지 않는 것이다. 각국의 금리, 물가 등 여러 요소에 의해 환율이 결정되기 때문에 어떤 것이 좋다고 얘기하기 어렵다. 환율 변동 위험을 줄이고 싶다면 H가 붙은 상품을 선택하는 것이 일반적이다. 그러나 향후 원화 가치가 떨어질 것이라는 예측에 UH 상품을 선택하는 비율도 늘고 있다. 환헤지를 스스로 해 주는 TDF도 있다.

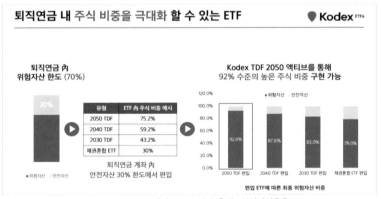

Kodex TDF2050 액티브 ETF 설명, 출처 : 삼성자산운용

아울러 TDF ETF는 공격적인 투자를 원하는 사람들에게 효율적일 수 있다. 앞서 언급했듯 IRP 계좌의 30%는 '안전자산'으로 채워야만 한다. 물론 투자자 보호를 위한 목적이지만 젊은 투자자들에게는 답답한 부분이다. 최대한 공격적으로 투자해서 빨리 자리 잡고 싶은 사람들이라면 TDF ETF가 안전자산이라는 점에 주목하자. 30%를 주식 비중이 높은 TDF로 채우면 더욱 공격적인 투자가 가능해진다. 예를 들어 삼성자산운용에서 출시한 'Kodex TDF2050 액티브 ETF'의 경우 주식 비중이 75%를 넘는다. 2040 TDF, 2030 TDF의 주식 비중이 각각 60%, 40% 수준임을 고려할 때 매우 높은 수치다. 수익률을 극대화하고 싶은 투자자라면 안전자산 30%를 'Kodex TDF2050 액티브 ETF'로 채우는 것도 고려해 볼 만하다.

1. 고소득이 보장된다면 DB형을, 스스로 투자하고 싶다면 DC형을 선택하자.
2. 어렵게 평생에 걸쳐 돈, 퇴직금 말고 연금으로 수령해 저율과세 챙기자.
3. 생애주기에 맞게 자산을 배분하는 TDF, 수익률·수수료를 잘 따지고 골라 보자.

반드시 부자 되는 자동이체 투자법

6)
익숙한 '카카오·토스·네이버'에서 먼저 시작하라

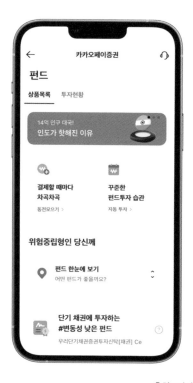

출처 : 카카오페이증권

편리하게 '자동이체' 투자 습관을 만들 수 있는 핀테크 기업들의 상품도 적극 활용하자. 우선 카카오페이증권의 '주식 모으기'의 경우 사용자가 지정한 주식 종목에 원하는 날짜, 금액에 맞춰 매달이나 매주 또는 매일 정기적으로 투자가 실행된다. 투자 주기가 사용자의 취향에 따라 얼마든지 조정이 가능하다. 원하는 반복 주기와 투자 금액만 설정하면 된다.

'펀드 자동투자'도 가능하다. 펀드 상품을 고른 후 원하는 반복 주기와 투자금액을 설정하면 정기적으로 투자가 자동 실행된다. 투자 금액은 1주 단위의 수량 구매는 물론 원화 최소 1000원부터 최대 1억 원까지, 달러 최소 1달러부터 최대 10만 달러까지 정기 구매를 설정할 수 있다. 투자 시 이용하는 계좌에 대해 잔액이 부족하더라도 별도로 입금해야 하는 번거로움 없이 자동으로 부족한 금액만큼 최대 200만 원까지 충전된다. 펀드는 최소 1000원부터 최대 200만 원까지 1원 단위로 자유롭게 투자 금액을 설정할 수도 있다.

생활 속에서 남은 1000원 미만의 잔돈을 활용한 서비스도 있다. '동전

반드시 부자 되는 자동이체 투자법

모으기'다. 카카오페이로 온·오프라인에서 결제를 하면 1000원 미만으로 남은 동전을 알아서 계산하여 미리 지정한 펀드에 투자하는 새로운 투자 방식이다. 예를 들어, 편의점에서 1200원짜리 상품을 구매하면 2000원 결제를 기준으로 남은 800원을 모아서 바로 카카오페이증권의 펀드 상품에 투자한다. 카카오페이머니, 카카오페이카드, 카카오페이에 연결한 신용·체크카드 등 모든 결제 수단에 동일하게 적용되며 지정한 투자 상품은 언제든 변경할 수 있다.

출처 : 토스증권

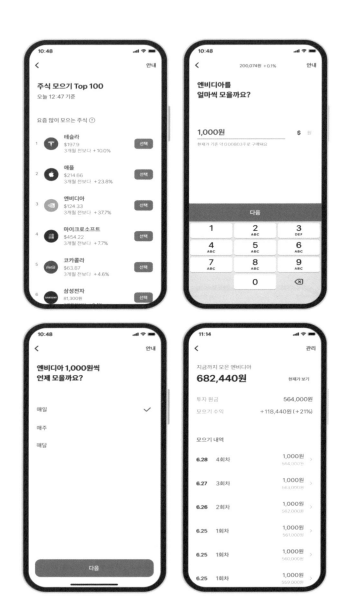

출처 : 토스증권

반드시 부자 되는 자동이체 투자법

토스증권도 원하는 수량과 매월 혹은 매주 등 원하는 주기를 선택해 '주식 모으기'로 투자할 수 있다. 적립식 펀드처럼 국내외 주식에 매일, 매주, 매월 원하는 금액을 정해 투자 가능한 예약 매수 서비스다. 해외 주식은 최소 1000원부터 투자가 가능하다. 애플 주식과 같은 미국 대표 테크주 뿐만 아니라 'S&P 글로벌'과 같은 상장지수펀드(ETF)를 거래할 수 있다.

토스증권 환율 우대 방침에 따르면 장내 시간에는 환전 수수료 95% 우대를 받을 수 있어 0.05%의 수수료만 부과된다. 주요 증권사들이 주로 신규 고객을 대상으로 한시적 이벤트를 통해 90~95% 수준의 환전 수수료 우대 혜택을 지원하는 것과 비교할 때 별도 조건 없이 수수료 혜택을 볼 수 있는 것이 장점이다.

출처 : 네이버페이

네이버페이에서는 매달 빠져나가는 주거비를 한 푼이라도 아낄 수 있다. 전월세대출 금리·한도를 비교할 수 있는 '전월세대출 새로받기' 서비스를 이용하면 아파트, 오피스텔, 빌라, 원룸 등 모든 주택에 대해 1분 만에 전월세대출 상품의 금리·한도를 비교하고 신청할 수 있다. 별도 서류 제출이나 영업점에 방문할 필요도 없다.

특히 부동산 매물을 찾는 사용자들이 다수 이용하는 '네이버페이 부동산'과 네이버페이의 다양한 부동산 대출 상품 비교 서비스와의 연계가 효과적이다. 전월세대출을 알아보는 초기 단계부터 대출 실행 후 더 좋

반드시 부자 되는 자동이체 투자법

은 조건으로 갈아타거나 주택 매매까지 부동산 대출의 각 단계에 맞게

최적화된 서비스를 제공한다.

　전세 혹은 월세로 거주하고 있다면 어서 네이버페이를 켜고 '금융—전

월세대출비교'를 클릭해 보자. 출시 4개월 만에 총 취급액은 1조원을 돌

파했다. 이 중 '주택담보대출 갈아타기' 서비스를 통한 취급액은 90% 수

준으로 연간 약 650만 원의 이자를 절감한 사례도 나타났다. 명심해라,

이자를 절감한 만큼 당신이 금융 투자 상품에 자동이체를 걸어 놓을 금

액은 늘어난다.

꼭지별 핵심!

1. 토스와 카카오 중 더 익숙한 플랫폼에서 자동이체 투자 습관 형성하자.
2. 원하는 반복주기, 금액, 종목을 설정하고 심심할 때마다 접속하라!
3. 매달 사라지는 주거비는 네이버 '전월세대출 새로받기'로 아껴 보자.

Part 3

자동이체 실전 투자
: 마음 편히 투자하라!

Part 3에 들어가기 전
꼭 알아야 할 이야기

1. 재테크는 아파트다. 기초가 탄탄해야 '순살 아파트'같은 비극이 일어나지 않는다. 적금과 채권은 부실 공사를 막기 위한 평탄화 작업이다.
2. 배당 투자는 아파트의 골조를 담당하는 철근이다. 수십 년 뒤에도 아파트가 튼튼하려면 좋은 철근을 써야 한다. 배당금에 '복리의 마법'을 결들인다면 당신의 10년 뒤는 지금과 크게 다른 모습일 것이다.
3. 미국 주식은 철근과 함께 아파트의 안정성을 담당하는 콘크리트다. 전 세계 기업들이 모이는 미국에 투자하지 않으면 견고한 자산을 쌓기 어렵다.
4. 신흥국 투자는 외벽이다. 투자의 세계에는 영원한 1등도, 영원한 꼴지도 없다. 찬바람과 뜨거운 햇살을 막아 주는 벽처럼 신흥국 투자는 우리의 노후를 든든하게 만들어 준다.
5. 금, 환테크는 주차장이다. 주차장이 많은 건물일수록 늦은 귀가에도 여유가 생긴다. 경제 위기가 닥쳤을 때 빛을 발하는 금 투자, 환율 변동성에 대처하는 환테크도 그렇다.

1) 적금
매달 다지는 재테크 기초공사

〈1000만원을 마련하기 위해 적립해야하는 금액〉

연이자율	2.50%	3.00%	3.50%	4.00%	4.50%	5.00%
3년	267,469	265,498	263,557	261,643	259,757	257,898
5년	156,709	154,859	153,051	151,286	149,561	147,874
7년	109,364	107,614	105,918	104,275	102,683	101,138

*편의상 세금은 고려하지 않음   단위 : 원

출처 : 금융감독원

재테크의 발판이 되어 줄 '적금'은 우리에게 매우 친숙한 상품이다. 금리가 낮아 다른 투자 상품보다는 수익률이 크지 않지만 '목돈' 마련의 첫 출발은 적금이다. 정기적인 저축 습관을 기를 수 있는 적금을 배울 수 있다는 점도 사회초년생이 정기적금을 가입해야 할 이유다. 금융감독원의 '금융 상품 한눈에'에 접속하면 은행, 증권, 보험회사 등에서 판매하

고 있는 다양한 금융 상품 정보를 쉽고 간편하게 알아볼 수 있다.

정기적금은 연 이자율이 정해진 상품인 만큼 나의 재무 목표를 명확하게 해 준다는 장점이 있다. 예를 들어 결혼 자금을 마련하는 기간을 5년, 목표 금액을 4000만 원이라고 정했다면 이를 위해 적립해야 하는 금액은 연 이자율이 3.0%일 때 한 달에 61만9435원꼴이다. 매달 예치할 금액, 기간, 이자율, 이자계산법 등을 입력하면 내가 한 달에 얼마나 저축해야 할지 명확하게 알 수 있다. 금융소비자정보포털 '파인'에서 금융거래계산기를 이용하는 것도 방법이다.

정기적금을 가입할 때는 저축은행, 상호금융회사, 새마을금고 등 2금융권을 활용하는 편이 좋다. 시중은행 등 1금융권보다 금리가 조금 더 높기 때문이다. 예금자 보호 한도인 '5000만 원'을 넘지 않게 관리하면 최소한 원금이 날아갈 일은 없다.

만약 정기적금을 열심히 붓다가 급한 돈이 필요할 경우에는 예금담보대출을 활용할 수도 있다. 만기까지는 아직 시간이 남았는데 긴급자금이 필요해지면 적금을 해지해야 하나 고비가 찾아온다. 이때 은행들

반드시 부자 되는 자동이체 투자법

이 예·적금에 가입한 고객에 대해 저축 금액을 담보로 저리의 대출 서비스를 제공 중이다. 적금뿐 아니라 보험에 가입했다면 보험계약대출도 있어 유용하게 활용할 수 있다.

특판 상품 쏟아 내는 저축은행, 상호금융은 1순위 고려 대상

저축은행	상품명	약정금리	세후금리	최고우대금리
하나	잘파(Z+알파)정기적금	6.00%	5.08%	7.00%
오투	오 정기적금	5.00%	4.23%	5.00%
청주	펫쨈정기적금_천안지점	4.70%	3.98%	4.70%
CK	정기적금(인터넷, 모바일, 비대면)	4.60%	3.89%	4.60%
KB	KB착한누리적금	4.50%	3.81%	5.00%
인천	생일축하플러스정기적금	4.50%	3.81%	4.50%
동양	정기적금	4.50%	3.81%	4.50%
조흥	정기적금	4.50%	3.81%	4.50%
청주	정기적금(온라인)	4.50%	3.81%	4.50%
동원제일	정기적금	4.40%	3.72%	4.40%

*기준일 6월 28일

금리 높은 저축은행 정기적금, 출처 : 저축은행중앙회 소비자 포털

적금에 대한 이해도가 생겼다면 2금융권 적금에 대해 자세히 알아보자. 우선 저축은행의 경우 통상 업계에서는 평균 수신금리가 1금융권에 비해 1%p 이상 높은 것을 '정상'으로 본다. 일반 은행과 달리 고금리 수

신상품을 통해서만 자금 조달에 나서기 때문에 금리 매력도가 높다.

저축은행 적금의 장점은 종류가 대단히 많고 우대 항목이 매우 세분화되어 있어 조건만 잘 맞는다면 남들보다 높은 금리를 쉽게 받을 수 있다는 것이다. 반대로 내가 어떤 상품에 적합한지 찾기가 매우 귀찮고 어렵다는 단점도 있다.

이때 활용하면 좋은 곳이 바로 '저축은행중앙회 소비자포털'이다. 이곳에는 79개 저축은행의 모든 예금, 적금 정보가 낱낱이 공개되어 있다. 금융계산기도 편리하게 이용할 수 있어 목돈을 일정기간 예치했을 때 만기 지급액도 바로 계산된다. 맞춤상품 검색 기능도 있어서 내 상태에 맞는 맞춤형 상품 추천도 받아 볼 수 있다.

추가로 '뱅보드차트'라는 홈페이지를 이용하면 복잡한 우대금리가 제외된 수신 상품이 한눈에 정리되어 있다. 특별한 조건을 찾아보는 시간이 아까운 사람은 이 사이트에 접속하는 것이 좋다.

예금의 경우 새마을금고 등 상호금융권을 추천한다. 전 금융기관을 합산해 원금 3000만 원까지에 대해 이자소득세가 1.4%만 부과되는 혜택이 있다. 일반 예·적금은 이자소득세 15.4%가 원천징수 된다. 다시 한번 강조하지만 재테크의 시작은 절세다. 세금만 아껴도 좀 더 빨리 부자가 된다.

이색 혜택 갖춘 인터넷은행은 접근성과 효용성을 한 번에

〈인터넷은행 파킹통장 비교〉

구분	카카오뱅크	케이뱅크	토스뱅크 통장
가입대상	세이프박스	플러스박스	나눠모으기 통장
저축금액	보관한도 1000만 원, 증액한도 1억 원	10억 원	제한 없음
개설가능 통장수	계좌마다 개설 가능	1인 최대 10계좌	제한 없음
금리	2%	2.30%	2%

*기준일 6월 28일

그런데 처음에 월급을 받고 자동이체 재테크를 시작하면, 촘촘하게 비율을 맞추기 어렵다. 그러다 보면 조금씩 남는 돈들이 있을 것이다. 추가로 납입하기에는 애매하고, 그렇다고 입출금 통장에 두기에는 많은 규모다. 이때 추천하고 싶은 상품이 바로 인터넷은행의 파킹 통장이다.

말 그대로 잠시 주차하는 것처럼 돈을 맡겨도 일반 수시입출금식통장(연 0.1%)보다 높은 이자를 주는 것이 특징이다. 여기에 더해 인터넷은행은 '매일 이자를 받는 재미'까지 누릴 수 있다.

우선 카카오뱅크는 계좌 속에 '세이프박스'를 설정하면 세전 연 2.0%의 금리를 제공한다. 예를 들어 입출금통장에 200만 원이 있을 때 100만 원을 세이프박스로 설정하면 이에 대해 2.0%의 금리가 적용된다. 카카오뱅크는 한 달에 한 번 세이프박스 예금에 이자를 지급했으나 최근 매일 이자를 받을 수 있게 서비스를 변경했다.

케이뱅크는 10억 원 한도로 플러스박스라는 상품에 연 2.3% 금리를 제공한다. 이는 인터넷은행 파킹통장 중 금리가 가장 높은 것으로 최대 10개까지 용도에 맞게 쪼개서 자금을 운영할 수도 있다. 입출금통장인 '생활통장'도 300만 원까지 연 2% 이자를 제공한다.

지난해 3월 인터넷은행 3사 중 매일 이자 받는 서비스를 가장 처음 출시한 토스뱅크의 경우 입출금통장인 '토스뱅크 통장'의 금리가 연 1.8%로 가장 낮다. 다만 기존 토스뱅크 통장과 달리 고객이 클릭하지 않아도

반드시 부자 되는 자동이체 투자법

매일 자동으로 이자를 구현하는 '나눠모으기 통장'의 이자는 연 2.0%로 타사와 비슷한 수준이다. 3사의 상품을 비교해 본 뒤 나와 친숙한 플랫폼이나 금리가 높은 곳을 골라 가입하자.

파킹형 ETF·증권사 CMA도 고려 대상에 넣자

<국내 ETF 시가총액 순위>

1위	KODEX CD금리액티브(합성)	9조1460억 원
2위	TIGER CD1년금리액티브(합성)	6조7850억 원
3위	KODEX 200	6조4990억 원
4위	KODEX KOFR금리액티브(합성)	5조640억 원
5위	TIGER 미국 S&P500	3조8930억 원
6위	TIGER KOFR금리액티브(합성)	3조7550억 원
7위	TIGER 미국나스닥100	3조6300억 원
8위	KODEX 종합채권(AA-이상)액티브	2조8590억 원
9위	KODEX 미국필라델피아반도체나스닥	2조8250억 원
10위	TIGER 미국테크TOP10 INDXX	2조6910억 원

*기준일 6월 30일, 자료 : 한국거래소
*파킹형은 파란색으로 표시

파킹형 ETF도 단기 자금을 굴릴 만한 용도 중 하나다. 파킹형 ETF는 양도성예금증서(CD), 한국무위험지표금리(KOFR), 미국무위험지표금리(SOFR) 등 기초 지수의 단기금리를 매일 복리로 계산해 반영한다. 때문에 하루만 넣어도 기초 지수의 하루치 금리 수준을 수익으로 받을 수 있다. 연 환산 수익률도 3~4% 수준이다. 크게 손실 걱정 없이 단기성 자금을 넣어 두기에 좋다.

만기 3개월 이내 초단기 채권에 투자하는 머니마켓펀드(MMF)도 파킹형 ETF의 일종이다. MMF는 고객 돈을 모아 기업어음(CP), 양도성예금증서(CD) 등 금리가 높은 단기금융 상품에 투자해 얻은 수익을 되돌려 준다. 하루만 예치해도 수익금을 받을 수 있는 대표 단기 상품이다. 다만 ETF를 매매할 땐 운용 보수, 판매 수수료를 합쳐 0.02~0.2%에 달하는 비용이 발생한다.

종합자산관리계정(CMA)도 대기 자금을 넣어 두기 좋다. 급여 이체나 공과금 자동납부도 가능한 CMA는 주거래계좌로 이용하면 이체나 출금 수수료도 없다. 또 증권사 계좌인 만큼 주식, 채권 투자부터 공모주 청약까지 안 되는 것 빼고 다 된다고 얘기할 만큼 활용처가 많다. 금리 경쟁력도 있다. 시장금리 상승으로 연 3% 중반에서 4%대 이자를 준다. 하루만 맡겨도 약정 수익을 주기에 유휴자금 보관용으로 제격이다.

2) 채권
이자 수익·자본 차익 모두 챙기는 만능 상품

주식보다 안정적이고 예금보다 수익 높은 중위험·중수익 상품

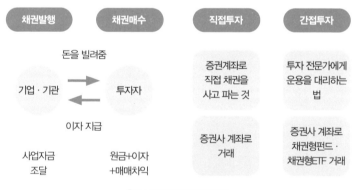

출처 : 전국투자자교육협의회

은행 적금 이자보다는 수익률도 좋고 안정성도 같이 가져가는 상품이 없을까 고민이 든다면 정답은 채권에 있다. 채권은 돈을 빌릴 때 이자와 원금을 갚을 것을 약속하고 발행하는 차용증서다. 정부지출을 지원하기 위해 국가가 발행하면 국채, 운영자금 조달을 위해 주식회사가 발행하면 회사채, 서울시나 경기도 등 지방자치단체가 발행하면 지방채, 은행 등 금융사가 발행하면 금융채라고 불린다. 결국 채권을 사는 건 국가나 회사에 돈을 빌려주고 차용증을 갖는 행위다.

채권은 이자소득과 자본소득을 기대할 수 있다. 소위 쿠폰이라고 불리는 이자는 안정적인 수익을 기대하는 투자자에게 매력적일 수밖에 없다. 배당이라고 생각하면 편하다. 다만 배당금의 지급 여부가 기업에 달려 있는 것과 달리 채권의 이자는 채권 발행자와 채권을 산 사람간의 계약이기 때문에 고정적으로 지급되게 된다. 또 적금과 마찬가지로 '원금 상환'이 보장되어 있다. 부도가 나지 않는 한 만기가 되면 원금을 받는 구조다.

채권 투자에서 가장 중요한 점은 '꼭 만기까지 안 갖고 있어도 된다'는 것이다. 내가 갖고 있는 채권이 샀을 때보다 가격이 뛰었다면 중간에 팔수 있다. 이를 자본소득이라고 한다. 이를 위해선 채권과 가격의 상관관계를 알아야 한다. 채권의 금리와 가격은 정반대로 움직인다. 채권 금리가 오르면 가격은 떨어지고 반대로 금리가 떨어지면 가격이 오르게 된다. 금리가 높을 때 채권을 싸게 샀다가, 금리가 낮아져 채권이 비싸질 때 팔면 이자에 매매 차익까지 얻게 된다.

매수가 편리한 장외 채권과 가격이 저렴한 장내 채권

일반적으로 우리가 채권 매매라고 말하는 건 '장외 채권'이다. 말 그대로 한국증권선물거래소를 거치지 않고 증권사와 고객이 직접 매매하는 채권이다. 증권사가 고객이 살 법한 채권을 직접 기업에서 사 와서 팔기 때문에 쉽게 거래할 수 있다. 국내 80% 이상의 채권 투자가 장외거래를 통해 이뤄진다. 국공채, 회사채 등 증권사마다 보유하고 있는 채권이 다르다.

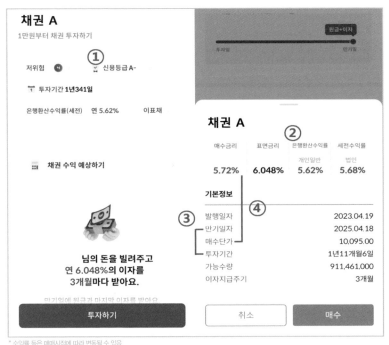

* 수익률 등은 매매시점에 따라 변동될 수 있음

출처 : 신한투자증권 MTS

장외 채권 투자에 앞서 알아 둬야 할 지점이 몇 개 있다.

① 신용등급을 우선적으로 챙겨 봐야 한다. 해당 기관이 원금과 이
자를 갚을 수 있는 능력을 수치화해 놓은 건데, AAA〉AA〉A〉
BBB〉BBB〉B 순으로 높고, 동급일 땐 +, -로 구분한다. 통상 신
용평가사가 신용등급을 평가한다.

② 표면금리(액면이자율)는 만기까지 변하지 않는 금리를 뜻한다. 즉 우리가 채권을 만기까지 보유했을 때 얻는 수익을 세전 기준으로 계산해 연 수익률로 나타낸 것이다. 최고 연 4.5%라는 딱지가 붙어 있는 정기예금을 떠올리면 쉽다.

③ 잔존만기(투자기간)도 중요하다. 채권을 산 날로부터 채권 만기(원금 받는 날)까지 기간을 말한다. 돈은 오래 빌려줄수록 떼일 위험이 커지기 마련이고, 그 보상으로 이자를 더 많이 준다. 채권도 똑같다. 잔존만기가 길수록 수익률은 커진다. 만기가 10년씩 길게 남은 것이 2년 남은 것보다 이자를 많이 준다.

④ 매수 단가는 내가 실제로 매수할 때의 가격이다. 매수금리와 매수 단가는 반대로 움직인다. 매수 단가가 내려가면 매수 금리는 올라간다. 따라서 매수 시점에 따라 최초 발행과는 수준이 달라질 수 있다.

반대로 장내 채권은 한국거래소에서 주식처럼 거래되는 채권이다. 다수의 시장 참여자들이 참여할 수 있고 종류도 회사채, 전환사채(CB), 신

반드시 부자 되는 자동이체 투자법

주인수권부사채(BW), 금융기관이 발행한 후순위채, 코코본드(신종자본증권) 등 많고 만기도 다양하다. 그만큼 장외 채권보다 꼼꼼히 봐야 하지만 증권사가 떼 가는 수수료는 없다는 것이 큰 장점이다.

통상 첫 구매는 매매수익률 4%대, 신용등급 AA 이상의 안전한 채권을 추천한다. 채권이 안정적인 자산이긴 해도 은행처럼 예금자보호를 받는 투자는 아니기 때문이다. 어느 정도 감을 익힌 이후에 신용등급을 조금 낮추고 수익률을 늘린 채권을 조금씩 담아 보자. 다만 B등급 회사채 구매에서는 주의가 필요하다.

매매 차익에 비과세되는 개별 채권에 집중해야

개별 채권	채권 ETF
투자자가 직접 채권 골라서 구매	일종의 펀드 상품으로 채권에 투자하는 펀드를 주식처럼 거래하는 상품
채권의 만기, 이자율 등을 다양한 요소를 고려해 골라야 함	개별 채권에 비해 쉽게 접근할 수 있어
만기까지 기다리지 않고 중간에 매매 가능	만기가 없어 만기에 원금과 이자 돌려받는 개별 채권에 비해 손실 발생 가능성 O
중도매매에 대한 세금 발생 X	중도매매에 대한 세금 발생

채권은 방금 전에 살펴본 것처럼 내가 직접 채권을 선정해 개별 채권을 살 수도 있고, 여러 채권을 조합한 ETF, 펀드 등을 살 수도 있다. 개별 채권이 ETF보다 나은 점은 크게 두 가지다. 우선 세금에서 큰 차이가 있다. 채권을 ETF를 통해 투자하면 매매 차익에 대해 15.4%의 배당소득세가 부과된다. 때문에 일정 금액까지 세금을 내지 않는 ISA 계좌를 통해 채권 ETF에 투자하는 것도 방법이다. ISA 계좌에 대한 소개는 앞서 part2에서 자세히 했다.

개별 채권에 투자하면 이 매매 차익에 대한 세금이 붙지 않는다. 매매 차익은 채권 투자에서 핵심이다. 개별 채권에 붙는 세금은 이자수익에 대해 부과되는 이자소득세 15.4%가 전부다. 또한 채권 가격이 하락했을 때에도 만기까지만 투자하면 원금과 이자를 회수할 수 있다. ETF는 이런 전략이 통하지 않는다.

예를 들어 10년물 국채에 투자하는 ETF가 있다고 해 보자. 이 ETF는 담고 있는 여러 채권들의 만기가 평균 10년이 되도록 알아서 다른 채권을 사고 팔고 조정해서 10년이라는 기간을 맞춘다. 내가 언제 사든 그

ETF의 채권 만기가 10년이라는 것이다. 때문에 주식투자처럼 등락에 따라 원금도 잃을 수 있다.

〈연초 이후 자금유입 채권ETF〉

ETF명	유형	3개월	6개월	연초이후	1년
삼성KODEXCD금리액티브증권상장지수투자신탁[채권혼합-파생형](합성)	초단기채권	14,306.24	24,629.02	29,677.19	87,869.74
미래에셋TIGERKOFR금리액티브증권상장지수투자신탁(채권혼합-파생형)(합성)	채권혼합	-9,266.18	-13,436.25	-13,982.47	28,780.60
한국투자ACE미국30년국채액티브증권상장지수투자신탁[채권](H)	북미채권	3,052.11	7,210.26	7,210.26	11,498.51
KB KBSTAR머니마켓액티브증권상장지수투자신탁(채권)	초단기채권	365.50	1,774.46	1,978.91	9,233.76
미래에셋TIGER종합채권(AA-이상)액티브증권상장지수투자신탁(채권)	일반채권	2,583.57	3,441.32	3,442.36	4,965.89
신한SOL종합채권(AA-이상)액티브증권상장지수투자신탁[채권]	일반채권	1,972.21	2,881.57	2,681.41	4,709.32
미래에셋TIGER25-10회사채(A+이상)액티브증권상장지수투자신탁(채권)	만기매칭채권	2,300.84	3,095.70	3,152.61	4,310.49
미래에셋TIGER미국30년국채스트립액티브증권상장지수투자신탁(채권-파생형)(합성H)	북미채권	456.29	2,871.07	2,782.12	4,167.93
한화ARIRANG단기채권액티브증권상장지수투자신탁(채권)	일반채권	570.26	1,717.63	1,717.63	1,715.57
삼성KODEX국고채30년액티브증권상장지수투자신탁[채권]	국공채권	-115.90	41.17	41.17	1,526.74

*기준일 6월 28일, 자료 : 에프엔가이드   (단위 : 억 원)

"마흔에 50만 원 넣고 예순부터 100만 원 받자"

개인투자용 국채

매입자격 및 투자금액	• 매입자격: 전용계좌를 보유한 **개인(1인 1계좌)** • 투자금액: 최소 10만원, 연간 최대 총 1억원
종목	• 10년물 및 20년물

상환조건 및 적용금리	• 만기일에 **원금·이자 일괄 수령**
	• 만기 보유시 표면금리+**가산금리**에 **연복리 적용 이자 지급**
	   ※ 표면금리 : 전월 발행한 동일 연물 국고채 낙찰금리
	   ※ 가산금리 : 시장상황 등 고려 매월 결정·공표
	• 매입액 총 2억원(누적)까지 **이자소득 14% 분리과세**

유통·환매	• 상속·유증·강제집행 외 소유권 이전 불가 • 다만, 매입 1년 후부터 **중도환매 신청 가능** (가산금리, 복리, 세제혜택 미적용)

출처 : 기획재정부

    채권임에도 연금상품처럼 투자할 수 있는 것도 있다. 개인투자용 국채는 정기예금처럼 '일시불'로 매입해 만기 날 원금과 이자를 한 번에 수령하거나 연금처럼 '월정액'을 납부한 뒤 분할 수령할 수 있는 상품이다. 만기는 10년과 20년 중 선택할 수 있고 은행, 증권사 등에서 전용계좌를 개설해 매월 청약을 통해 구매할 수 있다. 최소 투자 금액은 10만 원부터 투자할 수 있고 연간 구매한도는 1인당 1억 원으로 설정됐다.

국채의 월간 발행한도 내에서 배정돼 청약 총액이 이를 초과할 시 소액을 우선 배정하게 된다. 만약 개인투자용 국채를 원하는 청약자가 많다면 내가 원하는 시기에 원하는 만큼 사기가 어려워질 수도 있는 것이다.

개인투자용 국채의 가장 큰 장점은 '연복리 이자'를 받을 수 있다는 것. 개인투자용 국채에는 표면금리와 가산금리가 적용된다. 우선 가산금리가 없다고 가정하고 개인투자용 국채의 수익률을 따져 보자.

지난 6월 10년물과 20년 국채의 표면금리는 각각 3.540%, 3.425%로 결정됐다. 계산하기 쉽게 10년물의 금리가 3.5%라고 해 보자. 표면금리 3.5% 개인투자용 국채 10년물에 1억 원을 투자했을 시 10년 뒤 원리금은 원금 1억 원에 복리가 적용된 이자 '4100만 원'으로 총 1억4100만 원이다. 투자원금인 1억 원 대비 수익률은 41%, 연평균 수익률은 4.1%다. 연 3.5% 표면금리보다 0.6%p의 추가 수익이 발생했다. 발생한 이자를 수령하지 않고 또다시 재투자했기 때문에 수익이 커진 것이다.

만약 똑같이 1억 원을 3.5%짜리 개인투자용 국채 20년물에 투자했다면 원리금은 원금 1억 원에 복리가 적용된 이자 '9898만 원'으로 약 2배 가까이 불어난다. 이때 연평균 수익률은 4.9% 수준이다. 투자 기간이 길수록 극대화되는 복리효과를 더 크게 누릴 수 있게 되는 것이다.

가산금리에 분리과세까지 '쏠쏠'

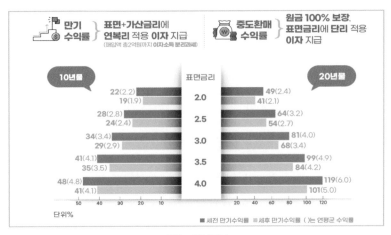

출처 : 기획재정부

그런데 개인투자용 국채는 표면금리에 가산금리까지 붙게 된다. 가산 금리는 매월 기획재정부가 시장 상황을 고려해 매월 결정하고 공표할 예정이다.

반드시 부자 되는 자동이체 투자법

가산금리가 0.5%가 적용된다면 가정해 보자. 표면금리 3.5%에 가산금리 0.5%가 더해지면 실제 금리는 4%다. 1억 원을 4% 개인투자용 국채 10년물에 투자하면 원리금은 1억4802만 원, 20년물에 투자하면 2억 1911만 원이다. 각각 연평균 수익률은 4.8%, 6.0%에 달하게 된다.

좀 더 보수적으로 계산해서 만약 20년물 '표면금리+가산금리'가 3.72 5%일 경우에도 1억 원을 투자하면 2억781만 원을 받을 수 있다. 원금의 2배가 넘는다.

만약 '월정액' 납입 방식을 선택했다면 45세부터 65세까지 20년 동안 매월 50만 원을 넣었다면 65세부터 85세까지 연복리 이자에 매월 100만 원 가까이 수령할 수 있게 된다.

분리과세도 적용받을 수 있다. 현행 금융소득이 2000만 원이 넘어가면 금융소득종합과세 대상이 되고, 초과 부분에 대해서 다른 소득과 합산해 누진세율이 적용되지만, 개인투자용 국채는 매입액 2억 원까지 이자소득이 14%로 분리과세 돼 금융소득종합과세 걱정을 하지 않아도 된다. 높은 과세표준 구간에 있는 고소득자라면 이 같은 개인투자용 국채의 분리과세 혜택은 눈여겨볼 만하다.

주의할 점은 '중도 해지'다. 만약 급전이 필요해 개인투자용 국채를 중도에 환매하고 싶다면 매입 1년 뒤부터 중도 환매를 신청할 수 있다. 핵심은 당초 받을 수 있었던 가산금리나 분리과세 등 세제 혜택은 받을 수 없다.

재테크 좀 안다는 사람들의 전략, 장기채 ETF

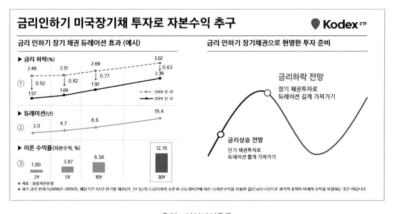

출처 : 삼성자산운용

반드시 부자 되는 자동이체 투자법

미국의 10년물 국채금리는 지난해 10월에 글로벌 금융위기 직전인 2007년 7월 이후 16년 만에 처음으로 5%를 넘어섰다. 이후 올해 초 연 3%대까지 내려갔으나 올해 5월 말에 장중 한 때 연 4.64%까지 오르기도 했다. 그런데 만약 채권 값이 떨어질 만큼 떨어진 상태라면 어떨까. 당장은 채권이 고금리 기조에 맥을 못 추고 있지만 금리 인상이 마무리 국면에 접어들고 현재 가격이 저점에 가깝다면 매매 차익을 노리고 투자하기 좋은 시점이다. 즉, 금리하락을 예상한다면 저가매수에 나서기 좋은 타이밍이라는 것.

특히 기준금리 인상 막바지에는 채권 중에서도 만기가 20~30년에 달하는 국고채, 즉 장기채의 비중을 확대하는 편이 좋다. 장기채는 기본적으로 단기채보다 만기(듀레이션)가 길기 때문에 금리 변동에 매우 민감하다. 금리가 어떻게 움직이냐에 따라 손익 폭이 단기채보다 크다. 따라서 향후 금리 인하가 예상된다면 단기채보다 장기채를 선택하는 것이 수익 레버리지가 더 크다.

미국 채권 ETF 중에선 만기 20년 이상 장기채로 이뤄진 '아이셰어스

만기 20년 이상 국채 ETF(티커 TLT)'가 인기다. 국내에서는 TLT와 유사한 상품인 KODEX 미국30년국채액티브(H)가 있다. 미국 시장에 투자하면서 TLT와 마찬가지로 월 배당을 받을 수 있어 투자자들의 인기를 끌고 있다. 또 총보수는 연 0.05% 수준으로 TLT의 3분의 1 수준이다.

이는 part2에서 언급한 DC, IRP, 연금저축계좌에서 투자할 수 있어 세제 혜택을 받을 수 있는 연금 ETF로 활용할 수 있다. 월 배당 상품인 만큼 매월 분배금을 재투자하는 방식으로 효율을 끌어올리는 것이다. 또 중개형 ISA에서 투자할 경우 9.9% 저율 분리과세 혜택을 받을 수도 있다.

> **꼭지별 핵심!**
>
> 1. 약정이율과 매매 차익까지 얻을 수 있는 채권은 반드시 챙겨야 한다.
> 2. 신용등급과 표면금리, 잔존만기 등을 꼼꼼히 따진 뒤 투자해라.
> 3. '개인투자용 국채'에 20년간 매월 50만 원씩 넣으면 노후에 매월 100만 원 받는다.
> 4. 고금리 시기에는 가격이 저점으로 떨어진 채권 ETF에 주목하자.

반드시 부자 되는 자동이체 투자법

3) 배당 투자
커피값부터 아파트 관리비까지 올인원

"퇴직 후 65세 이전 보릿고개? : 배당주 ETF로 넘겨요"

〈배당금 설명〉

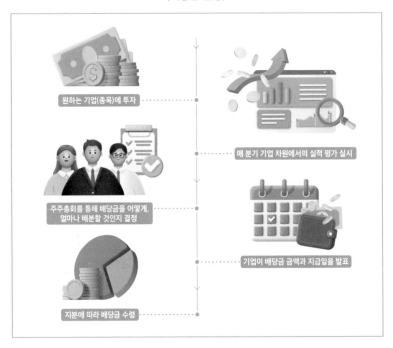

원하는 기업(종목)에 투자

매 분기 기업 차원에서의 실적 평가 실시

주주총회를 통해 배당금을 어떻게, 얼마나 배분할 것인지 결정

기업이 배당금 금액과 지급일을 발표

지분에 따라 배당금 수령

출처 : 삼성자산운용

초보 투자자들인 사회초년생에게 가장 큰 무기가 뭘까. 날고 기는 고수 투자자들보다 앞서는 건 딱 한 가지. 앞으로 남은 시간이다. 배당 투자도 마찬가지다. 일찍 투자할수록 꼬박꼬박 상승하는 배당금을 확인할 수 있고 이를 재투자하면 '복리' 효과를 등에 업고 자산이 눈덩이처럼 불어난다.

꾸준히 배당금을 늘려 주는 '소수의 기업'들을 선별할 수 있다면 그 속도는 더욱 빨라진다. 노동으로 돈을 버는 속도보다 돈이 돈을 버는 속도가 더 빠른 자본주의 사회에서 배당주는 우리의 인생을 함께할 동반자다. 복리 효과를 통한 배당 재투자의 마법을 믿자. 지금 당장 주가가 흔들려도 버틸 수 있다.

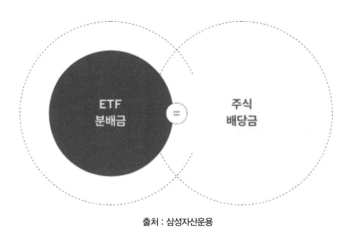

출처 : 삼성자산운용

　　　　　　　　　　　　반드시 부자 되는 자동이체 투자법

개별 배당주를 투자하는 것도 좋겠지만 그럴 능력이 부족하다면 배당주 ETF를 노려 볼 만하다. 주식에 배당금이 있다면 ETF에는 분배금이 있다. ETF는 매니저가 최적의 상품을 담아 놓은 일종의 종합선물세트다. 초보자 입장에서 가장 난감한 건 '어떤 종목이 좋은지' 판단할 경험이 없다는 것이다.

심지어 발굴할 능력이 없어 누군가로부터 좋은 종목을 추천받았다고 해도 이를 꾸준히 관리하기도 어렵다. 우상향하는 자산을 적립식으로 '자동이체'를 통해 모아 가기 위해서는 결국 누군가가 잘 만들어 놓은 도구를 이용해야만 한다. 그것이 ETF다.

고배당 ETF는 대형주를 중심으로 배당 수익률이 높은 고배당 종목들을 편입한 ETF다. 가장 큰 장점은 분산투자 효과다. 개별 종목의 △실적 저하 △유상증자 △배당컷 등의 이슈가 발생했을 때 주가 하락으로 인한 손실을 줄일 수 있다. 현금 흐름을 챙기면서 안정적인 투자를 하고 싶은 장기 투자자, 연금 생활자라면 눈여겨봐야 한다.

국내 고배당 ETF는 'ARIRANG 고배당주' ETF가 대표적이다. 'ARIRA NG 고배당주' ETF는 코스피 시가총액 상위 200개 종목 가운데 예상 배당수익률이 가장 높은 상위 30개 종목으로 구성된 '에프앤가이드 고배당주 지수'를 따른다. 기업은행, KB금융, 우리금융지주, JB금융지주, 하나금융지주 등 은행주로 이뤄져 있다.

'TIMEFOLIO Korea플러스배당액티브'도 큰 인기를 끈다. 'TIMEFO LIO Korea플러스배당액티브 ETF'는 배당 ETF지만 금융주보다 삼성전자, SK하이닉스, 농심 등 올해 주가가 뛴 종목들을 주로 편입 중이다. 시황 및 투자 트렌드에 따라 편입 종목을 조정한다. HANARO고배당, KOSEF고배당도 인기다. 모두 part2의 중개형 ISA에서 투자하면 효율이 극대화되는 상품이다.

반드시 부자 되는 자동이체 투자법

'연 10%' 고배당 + 한 달마다 현금 주는 월 배당 커버드콜 ETF

〈커버드콜 설명〉

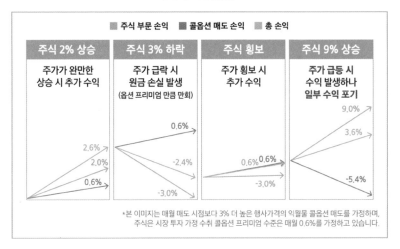

■ 주식 부문 손익   ■ 콜옵션 매도 손익   ■ 총 손익

| 주식 2% 상승 | 주식 3% 하락 | 주식 횡보 | 주식 9% 상승 |

주식 2% 상승 — 주가가 완만한 상승 시 추가 수익
주식 3% 하락 — 주가 급락 시 원금 손실 발생 (옵션 프리미엄 만큼 만회)
주식 횡보 — 주가 횡보 시 추가 수익
주식 9% 상승 — 주가 급등 시 수익 발생하나 일부 수익 포기

2.6%
2.0%
0.6%
0.6%
-2.4%
-3.0%
0.6% 0.6%
-3.0%
9.0%
3.6%
-5.4%

*본 이미지는 매월 매도 시점보다 3% 더 높은 행사가격의 익월물 콜옵션 매도를 가정하며, 주식은 시장 투자 가정 수취 콜옵션 프리미엄 수준은 매월 0.6%를 가정하고 있습니다.

출처 : 삼성자산운용

커버드콜 전략을 활용해 고배당을 추구하는 하이브리드형 ETF도 있다. 커버드콜 전략은 주가지수를 매수, 콜옵션을 매도해 주가지수가 횡보하거나 하락할 때 추가 수익을 얻을 수 있는 전략이다. 보유한 주식에서 나오는 배당에 콜옵션을 팔아 확보한 돈을 더하기에 일반 배당형 ETF에 비해 배당금이 높다.

국내 증시에는 커버드콜 ETF가 19개 상장돼 있다. 국내 커버드콜 ETF 중 인기가 많은 상품은 'TIGER 미국나스닥 100커버드콜(합성)'과 'KODEX 미국배당프리미엄액티브'다.

'TIGER 미국나스닥 100커버드콜(합성)'는 이름에서도 알 수 있듯 나스닥 100을 매수하면서 나스닥 100 콜옵션을 매도한다. 'KODEX 미국배당프리미엄액티브'는 미국 S&P500 종목에서 JP모건, 골드만삭스, 마이크로소프트 등 배당을 장기간 늘려 온 미국 우량 배당성장주에 투자하면서 해당 콜옵션을 매도하는 커버드콜 전략을 활용한다.

다만 커버드콜 전략은 상승장일 때는 주가 상승이 제한적이다. 상승폭이 옵션 프리미엄 수준에 그치기 때문이다. 이에 주가 상승 여력까지 고려한 상품들도 등장했다. 콜옵션을 100% 매도하는 일반적인 커버드콜 ETF와 달리 +10%, +12% 등 목표 프리미엄을 유지할 수 있게 옵션 매도 비중을 조절하는 방식이다.

미래에셋자산운용의 'TIGER 미국S&P500+10%프리미엄 초단기옵션

ETF'는 S&P500 지수에 투자하면서 연 10% 배당수익률을 목표로 한다. 이름에서도 알 수 있듯 초단기옵션 전략으로 옵션 매도 비중을 약 10%로 최소화한다. 이 결과 나스닥 지수 상승 참여율은 90%까지 올라 상방이 제한된 기존 커버드콜 전략의 단점을 상쇄한다.

비슷한 상품으로 삼성자산운용의 'KODEX 미국30년국채+12%프리미엄(합성 H) ETF'도 있다. 연 12% 배당수익률을 목표로 하는 이 상품은 듀레이션 20년 이상의 미국 장기채권에 투자하며 매주 만기가 돌아오는 위클리 콜옵션을 일정 수준만큼만 매도한다. 만기가 짧은 옵션을 이용하면 콜옵션 매도에 따른 프리미엄을 더 많이 받을 수 있다. 이후 미국 채권을 통해 받은 쿠폰(이자)을 재투자해 연 12% 수준의 프리미엄을 확보한다. 콜옵션 매도 비중을 적극 조절해 분배금에 더해 금리 인하에 따른 시세 차익 참여율도 얻는다.

"나도 건물주 될 수 있다고?"

: '금리 정점기'에 주목해야 할 리츠 투자

리츠 기본 구조

출처 : 한국리츠협회

조물주 위에 건물주 있다는 말이 왜 나왔을까. 근로소득 외에 매달 따박따박 '월세'를 노릴 수 있는 점이 아닐까 싶다. 글로벌 불확실성이 커지면서 장세의 변동성은 날이 갈수록 커진다. 정기적이고 예측 가능한 인컴(income)이 보장된 리츠의 매력이 높아진다.

리츠는 소액으로 부동산을 공동 구매할 수 있는 부동산 간접투자 상품이다. 여러 명의 투자자로부터 자금을 모아서 오피스, 쇼핑몰, 호텔, 물류센터 등의 부동산에 투자해 여기서 나오는 임대료나 매각 차익 등으로 얻은 수익을 투자자들에게 배당금으로 나눠 주는 방식이다.

리츠가 건물을 구입할 때 투자금 외에 대출받아서 자본금을 마련하는 경우가 많다. 이익의 90%를 배당해야 하는 구조이기 때문에 근본적으로 자본 증식이 어렵기 때문이다. 이 같은 대출 이자는 전부 비용이다. 고금리에 시중금리가 빠르게 오를 경우 부채비율이 높아지고 임대료 수익 상당 부분을 대출 이자에 쓸 수밖에 없다.

때문에 '금리 인하기'에 관심이 쏠린다. 리츠의 주가는 고금리 장기화 시기에 이자 부담이 커지며 하락한다. 주요국들이 금리를 내리기 시작한 경우에는 자본 조달 비용이 줄어든다. 금리 인하 기대감이 커지는 현시점에 주목할 상품이라는 뜻이다.

리츠는 1960년 미국에서 최초로 도입된 이후 2000년대 들어서 유럽과 아시아로 확산됐다. 우리나라는 1997년 IMF 외환위기 이후에 기업들의 보유 부동산 유동화를 통한 기업구조조정을 촉진하기 위해 2001년 5월 처음 도입됐다.

높은 배당 수익에 세금 부담도 낮아 '일거양득'

〈연도별 배당수익률〉

연도	기업구조조정리츠	위탁관리리츠	상장리츠	평균수익률
2006	12.1	10.1	11.1	11.9
2007	49	7.4	70.3	40.4
2008	40.3	6.3	93.8	28
2009	40	7.2	71.7	26.1
2010	10.4	6.4	9.9	8.6
2011	9.9	6.4	6	8.3
2012	9.4	4.9	3.7	7.1
2013	16.2	4.2	7	9.2
2014	9.4	4.6	2.8	6.2
2015	10.1	7.3	7.1	8.1
2016	7	5.8	3.1	6
2017	10.6	2.7(4.1)	4.4	4.1(7.6)
2018	15.8	2.8(6.4)	11.1	4.4(9.2)
2019	15.8	3.2(8.1)	7.7	4.2(9.5)
2020	23.2	4.3(10.2)	7.1	5.5(12.0)
2021	39.1	4.9(10.3)	7.7(5.2)	6.2(12.6)
2022	12.3	5.0(9.7)	7.8(6.4)	5.2(9.9)
2023	9.7	3.9(7.1)	7.4(7.6)	4.0(7.2)

*2007~2009년에는 기업구조조정 목적의 리츠들이 다수 청산(부동산매각차)액 반영)되어, 평균 배당수익률이 일시적으로 높게 실현되었음
*정책형 리츠(공공임대리츠, 공공지원민간임대리츠)는 공익적 성격으로 운영기간 중 무배당에 따라 평균 수익률 하락 현상이 발생하므로, 정책리츠를 제외
한 수익률을 괄호안에 별도로 산출.

출처 : 한국리츠협회

반드시 부자 되는 자동이체 투자법

리츠의 가장 큰 장점은 높은 배당수익률이다. 리츠는 법적으로 배당 가능이익의 90% 이상, 즉 수익의 90% 이상을 배당으로 배분한 후에 남은 돈을 운용비로 사용해야 한다. 한국리츠협회에 따르면 2022년 상장 리츠의 배당수익률을 7.8%, 정책형 리츠를 제외한 전체 리츠의 배당수익률은 9.9% 수준이었다.

또 리츠는 양도세, 보유세 등 각종 세금 부담이 큰 부동산 직접투자보다 세금 부담이 훨씬 덜하다. 더구나 투자 금액을 현금화하기까지 오랜 시간이 걸리는 직접투자 방식과 달리 원하는 시점에 현금화할 수 있어 유동성 확보에도 용이하다.

통상 국내 리츠는 1년에 2~4번 배당을 실시한다. 만약 정말 '월세'처럼 매달 배당을 받고 싶다면 배당 날짜가 서로 다른 국내 리츠에 분산해 투자하면 된다.

복잡한 분산투자 없이도 한 달마다 배당을 주는 월 배당 리츠 ETF도 있다. KB자산운용은 지난 2월 'KBSTAR 글로벌리얼티인컴 ETF'를 출시했다. 해당 ETF는 월 배당 리츠의 대명사이자 세계 최대 상업용 리츠인 미국 리얼티인컴과 국내 1위 인프라 펀드 맥쿼리인프라에 동시 투자한다. 미국 리얼티인컴은 세계 최대 상업용 리츠다. 지난해 말 기준 리얼티인컴과 맥쿼리인프라의 연환산 배당률은 각각 약 5.3%, 6.2% 수준으로 매우 높은 수준이다.

'KODEX 한국부동산리츠인프라 ETF'도 눈여겨볼 만한 상품이다. 상섬자산운용이 지난 3월에 출시한 해당 ETF는 국내 인프라 자산과 국내 상장 리츠에 분산투자하는 부동산 ETF다. 맥쿼리인프라를 국내 ETF 중 최대 비중인 25%가량 담았다. 나머지는 국내 대표 상장 리츠인 제이알글로벌리츠 · ESR 켄달스퀘어리츠 · SK리츠 · 신한알파리츠 등 14종에 나눠서 투자한다. 매월 15일을 지급 기준으로 배당금이 지급되고 국내 상장 리츠 및 인프라펀드에 투자하는 만큼 시세 차익이 비과세가 된다. 또한 타 리츠 ETF와 달리 조세특례법에 따라 3년 이상 보유할 경우 투자금 최대 5000만 원까지 배당소득에 대해 9.9% 분리과세를 적용받을 수 있다.

삼성자산운용의 'KODEX 일본부동산리츠'도 주목할 만하다. 도쿄거래소에 상장된 리츠(REITs)와 부동산개발, 관리, 보유, 중개 등 부동산 관련 기업에 투자하는 KODEX 일본부동산리츠는 동경거래소에 상장된 모든 리츠로 구성된 지수인 'Tokyo Stock Exchange REIT Index'를 추종한다. 최근 1년간 연분배율이 7.5%에 육박하는 등 준수하다. 환헤지 상품으로 엔저로 인한 환차익은 누릴 수 없지만 안정적인 월 배당을 얻고 싶은 투자자에게 제격이다.

해외 리츠 투자는 국내 상장 'ETF'로

종류	배당소득세(5000만원 한도, 분리과세)
국내 리츠	
국내 리츠 ETF	9.9%
해외 리츠 ETF(국내 주식시장에 상장)	

개별 리츠가 부담스럽다면 ETF로 투자하는 것도 고려해 보자. 현재 국내 공모 리츠 혹은 리츠에 투자하는 펀드의 배당소득세는 최대 5000만 원에 한해 9.9%로 분리과세 혜택이 적용된다. 배당금에 배당세 14%, 지방소득세 1.4%를 더한 15.4%의 배당소득세가 붙는 것과 결과적으로 큰 차이가 난다.

만약 5000만 원을 3년간 상장리츠에 투자할 경우 연간 21만4500원, 3년간 64만3500원 절감된다. 배당소득 분리과세 특례는 2026년 말까지 적용될 예정이다. 다만 ETF를 매매할 경우 양도소득세 9.9%가 적용된다. 때문에 400만 원까지 비과세되는 ISA 계좌에서 리츠를 매수하는 것이 현명한 선택이다.

해외 부동산 직접 투자 대신에 해외 리츠에 투자하고 싶다면 어떤 방식이 가장 효율적일까. 정답은 해외 리츠에 투자하는 '국내 상장 ETF'다. 세제 혜택 때문이다. 해외 상장 ETF의 배당금에 15.4%의 배당소득세가 붙지만 내용이 똑같은 국내 상장 해외 리츠 ETF는 9.9%의 분리과세가 적용된다.

국내 상장 해외 리츠 ETF는 여러 번 등장하는 part3의 중개형 ISA에서 투자하는 것이 좋다. 국내 상장된 해외 ETF에 직접 투자해 발생한 매매 차익은 배당소득으로 과세 대상이지만 ISA에서는 400만 원(서민형 기준)까지 비과세된다. 실제 중개형 ISA에서 국내에 상장된 해외 ETF 편입 비중은 지난해 말 4.3%에서 올해 4월 말 19.7%까지 커졌다. 국내

ETF 편입 비중은 같은 기간 15.5%에서 7.3%로 하락했다.

미국 건물주 되자 : 미국 리츠 상품 리얼티인컴, 아메리칸타워

〈리얼티인컴과 S&P500 리츠의 평균 임대율 추이〉

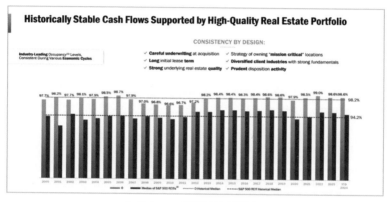

Realty Income 2023년 3분기 공시자료

티커 O로 유명한 리얼티 인컴(Realty Income)은 S&P500 지수에 포함된 미국 대표 월 배당 리츠 종목이다. 미국 주식은 11개의 산업분야로 쪼개져 있는데 그 중 '부동산 리츠' 분야에 속하는 것이 리얼티인컴이다.

세계 최대의 상업용 부동산 회사인 리얼티인컴은 미국 전역과 유럽에서 1만3000개가 넘는 리테일 부동산을 소유하고 있고 3만1000여 개 이상의 상업용 부동산을 소유하고 있다. 대부분의 부동산이 장기 임대 계약으로 묶여 있고 임차인들이 대부분 대기업으로 구성됐다. 편의점 세븐일레븐, 택배회사 FedEx, 약국 Walgreens 등이 대표적이다.

리얼티인컴은 지난 54년 동안 월 배당을 지급해 왔다. 102분기 연속으로 배당금을 증액시키기도 했다. 연배당률도 5% 후반대로 존슨앤 존슨이나 코카콜라 등 전통가치주들의 배당률보다 2~3배 높다.

리얼티인컴과 달리 '통신사에 타워를 임대하는' 통신 인프라 리츠, 아메리칸 타워(AMT)도 있다. 미국 상장 리츠의 업종은 통신 타워, 데이터센터, 산업, 리테일, 임대주택 리츠로 구성되어 있는데 AMT는 그 중 통신 타워 리츠다.

아메리칸 타워(AMT)는 1995년 설립된 후 미국과 캐나다에 4만2000개 이상의 부동산과 아시아, 라틴 아메리카, 유럽, 아프리카 등지에 약 18만3000개를 포함해 약 22만6000개의 통신 사이트를 보유하고 있다.

2021년 코어사이트(Coresite) 인수 후에는 미국 8개 시장에서 25개 데이터 센터도 소유 및 운영 중이다.

아메리칸 타워의 비즈니스 모델은 AT&T(T), 버라이즌(VZ), T-모바일US(TMUS) 등 주요 이동통신사와 라디오/텔레비전 방송사를 포함한 다양한 테넌트에게 인프라 자산을 임대하는 것을 중심으로 한다. 통신사업자 입장에서는 새롭게 타워를 건설하는 것보다 같은 건물에서 임대를 연장하는 방식이 네트워크 품질 리스크 관리에 효율적이다.

분기별로 배당금을 지급하는 AMT는 배당률 자체는 1~3% 수준이지만 지난 10년간 배당성장률이 20%가 넘을 만큼 연속적으로 배당금을 증액하고 있다. 주가 상승률도 높아 장기적으로 투자하기 적합하다.

> **꼭지별 핵심!**
>
> 1. 고배당 ETF를 꾸준히 모으면 투자 효율이 높아진다는 걸 명심하자.
> 2. 분산투자 효과로 개별 종목 이슈는 무력해지고 현금 흐름을 통해 장기 투자를 가능케 한다.
> 3. 수익의 90% 이상을 배당하는 '리츠'도 높은 배당수익을 거둘 수 있다.
> 4. 매달 배당을 주는 월 배당 리츠 ETF를 활용하면 정말 '건물주'가 된 것만 같다.

4) 미국 주식
세계 1위 경제대국에 다달이 투자하라

'미국 자산'은 자동이체 장바구니에 반드시 담아야 할 상품이다. 국내에도 훌륭한 기업들이 많지만 세계적인 기업은 모두 미국에 있다. 글로벌 경제가 휘청이는 순간에도 가장 덜 흔들리는 곳이 미국이다.

'분산투자' 측면에서도 미국에 주목해야 한다. 미국 주식에 투자한다는 건 달러에 투자한다는 뜻이고 국내외 경제가 흔들릴수록 달러에 대한 선호도는 커질 수밖에 없다. 재테크에서 가장 중요한 건 투자 위험을 분산하는 것이다.

세상에서 가장 훌륭한 투자가,
인덱스 펀드 나스닥 100 & S&P500

〈미국 S&P500 및 나스닥100지수 장기 추이〉

미래에셋자산운용 제공

여러 기초지수들 가운데 미국을 가장 대표하는 지수는 무엇일까.

S&P500이다. S&P500은 세계 3대 신용평가 기관 중 하나인 스탠더드앤

푸어스에서 미국의 500개의 우량 기업을 선정해 지수를 작성한 것으로

500개 회사의 모든 주식을 담고 있는 펀드다. 즉, 500개의 우량 기업으

로 구성된 S&P500에 투자하는 것은 사실상 미국에 투자하는 것과 같다.

오죽하면 "10년간 보유할 주식이 아니라면 단 10초도 보유해서는 안된다"고 말하던 가치 투자의 대가인 워렌 버핏 버크셔 헤서웨이 회장조차 "내가 죽으면 전 재산의 90%는 S&P500을 추종하는 인덱스 펀드에, 10%는 채권에 투자하라고 할 것이다"고 말했을까. 특정 종목에 미래 성장성을 보고 직접 투자하는 것이 아니라 세계 최대자본주의 국가인 미국에 투자하는 것이 최선의 투자라는 것을 워렌 버핏도 인정한 것이다.

미국 최초 ETF가 S&P500지수의 움직임에 따라서 수익률이 결정되는 'SPDR S&P500 ETF Trust'인 이유도 여기에 있다. 이 ETF은 티커명인 'SPY'로 우리에게 더 친숙하다. 1993년 1월 출시된 SPY는 30년이 넘도록 뉴욕 증시에서 투자자들의 많은 사랑을 받아 왔다. SPY가 마이너스 수익률을 기록한 건 2008년 글로벌 금융위기와 2015년 그리고 2018년 미중 무역 갈등으로 증시가 휘청일 때에 불과하다. 그만큼 S&P500의 꾸준함은 자타공인이다.

SPLG, QQQM이 유리한 이유 : 장기 투자는 수수료 싸움

〈SPLG, QQQM 비교〉

구분	SPLG	QQQM
운용사	SPDR	INVESCO
추종 지수	S&P500	NASDAQ100
운용 수수료	0.02%	0.15%
배당 주기	분기	분기
주가(6월 28일 기준)	64$(SPY는 544.22$)	197.11$(QQQ는 479.11$)

문제는 출시 이후 꾸준히 우상향한 SPY에 투자 수요가 끝없이 몰리면서 한 주당 가격이 너무나 높아졌다는 것. 2015년 초 200달러 초반 수준이었던 SPY는 2024년 5월에 500달러를 넘어섰다. S&P500을 추종하는 지수를 사고 싶은데 당장 큰돈을 투자하기 어려운 투자자들에게는 부담스러운 금액임에 틀림없다.

이에 월급쟁이처럼 소액투자자는 SPY처럼 S&P500을 추종하지만 주가가 저렴한 SPLG을 주목해야 한다. SPLG는 현재 1주당 60달러 수준으로 SPY의 9분의 1 수준이다. SPY보다 훨씬 합리적인 선택이다. SPLG의 수수료는 0.02%다. 1억 원을 투자하면 투자자가 부담하는 수수료가 2만 원에 불과하다. ETF 중 최저 수준이며 SPY의 수수료가 0.09%임을 고려할 때 4배 이상 낮은 수준이다. 분기 배당으로 1년에 4번 배당금을 지급한다.

S&P500 이외에 미국의 대표적인 지수인 기술 성장주 집합체, 나스닥 100지수를 추종하는 '인베스코 QQQ 트러스트(QQQ)' ETF보다 주가가 낮은 '인베스코 나스닥 100(QQQM)' ETF도 이와 비슷한 맥락이다. QQQM ETF는 수수료율도 0.15%로 QQQ(0.2%) 대비 저렴하다. 우량 기술주에 투자하고 싶은 소액투자자라면 QQQ 대신 QQQM에 투자하는 것이 더 현명하다. 배당 주기는 분기 배당으로 3월, 6월, 9월, 12월에 배당금이 지급된다.

자동이체 장기 투자자에게 꼭 맞는 미국 배당 성장주 'SCHD'

구분	SCHD
배당 지급 간격	분기배당
기초지수	다우존스 미국 배당 100 인덱스
총 보수(%)	0.06
상장일	11년 10월
배당금 증가율(10년)	12.20%
총수익률(10년,배당포함)	11.70%
운용사	찰스슈왑
배당일	3, 6, 9, 12월

SCHD는 대표적인 미국 배당성장형 ETF이다. 최소 10년 연속 배당을 실시한 기업을 중심으로 선택된 100개 기업, 다우존스 미국 배당 100 지수(Dow Jones US Dividend 100 Index)를 추종한다. 선택된 100개 주식을 시가총액 비중대로 투자하되 개별 기업의 비중이 4%를 넘지 않고 한 섹터의 비중도 25%를 넘지 않게 매년 3월 리밸런싱한다. 주로 머크, 버라이즌, 홈디포, 펩시, 코카콜라 같은 대표적인 배당성장주들을 비롯한 금융, 산업, 소비재, 헬스케어 등의 분야에 투자하고 있다.

SCHD의 배당수익률은 3~4%로 배당금 자체가 꾸준히 상승해 배당금 재투자에 따른 수익률 상승을 노릴 수 있어 장기 투자에 유리하다.

SCHD가 편입하는 배당성장주의 특징은 시장의 평균 상승세를 따라잡으며 꾸준히 주가가 상승하면서도 배당금이 계속 증가한다는 것이다. 단순히 배당률이 높은 기업이 아니라 배당금의 규모가 꾸준히 증가하는 기업에 투자하는 것이다.

지난해까지 10년 동안 SCHD의 연도별 배당금은 평균 12.2% 증가했고, 배당을 포함한 총수익률은 연평균 11.7%를 기록했다. 10년간 두 자릿수를 넘는 배당성장률을 지속하면서 꾸준히 배당금을 지급한 ETF는 SCHD 뿐이다. 특히 운용수수료도 0.06%로 타 ETF에 비해 매우 저렴하다.

이에 SCHD는 투자할 시간이 상대적으로 많은 20 · 30세대에게 적합한 상품이다. 은퇴까지 시간이 오래 남아 배당금을 생활비로 사용하지 않고 재투자해 복리효과를 극대화할 수 있기 때문이다. 해당 상품은 해외 상장 ETF로 시세 차익에 22% 양도세가 부과된다.

쏟아지는 한국형 SCHD : 분기 배당 아닌 월 배당

구분	ACE 미국배당다우존스	SOL 미국배당다우존스	TIGER 미국배당다우존스
배당 지급 간격	월 배당		
기초지수	다우존스 미국 배당 100 인덱스		
총 보수(%)	0.01	0.01	0.01
상장일	21년 10월	22년 11월	23년 6월
시가총액	3491억 원	5689억 원	1조376억 원
운용사	한국투자신탁운용	신한자산운용	미래에셋자산운용

국내 ETF 시장에서도 '한국형 SCHD' 상품이 쏟아지고 있다. 대표적으로 한국투자신탁운용의 'ACE 미국배당다우존스' ETF, 신한자산운용의 'SOL 미국배당다우존스', 미래에셋자산운용의 'TIGER 미국배당다우존스'가 있다.

세 종목 모두 SCHD ETF와 동일하게 다우존스 미국 배당 100 지수를 추종한다. SCHD는 3·6·9·12월에 배당금을 지급하는 분기 배당형 상품이지만 이 상품들은 매달 현금 배당을 받을 수 있다. 월 배당 지급액을 재투자해 복리 효과를 노리는 국내 투자자들의 수요에 주목한 것이다.

월 배당은 투자 성과를 빠르게 확인할 수 있다는 점에서도 매력적이다. 마치 부동산 임대업자가 매달 월세를 받는 것과 같다. 1년에 한 번이나 분기에 한 번 배당을 받는 것도 좋지만 투자를 이제 막 시작한 사람에게는 '재미'도 중요한 요소다. 성과 확인에 걸리는 시간이 짧을수록 흥미를 붙이기 좋다.

주의해야 할 것은 세금이다. 배당금은 배당소득세 대상이다. '한국형 SCHD'와 같은 배당성장형 ETF에 투자할 계획이라면 part2에서 소개한 과세이연과 저율과세 혜택이 있는 개인형 퇴직연금(IRP) 같은 연금 계좌를 활용하는 것이 좋다. 한국형 S&P500, 한국형 나스닥 100도 마찬가지다. part4에서 실제로 어떤 상품들을 IRP에서 담으면 좋은지 소개했다.

커버드콜 활용해 수익률 높인 'JEPI', 'JEPQ'

구분	JEPI	JEPQ
운용사	JP모건	
상장일	2020년 05월 20일	2022년 05월 03일
총보수	0.35%	
투자 기업	120개	82개
배당 지급	월 배당	
지수 특징	S&P500 커버드콜	나스닥500 커버드콜
배당률	9~10%	11~12%

반드시 부자 되는 자동이체 투자법

JEPI는 전 세계에서 가장 유명한 자산운용사인 J.P Morgan에서 출시한 'JP모건 에쿼티 프리미엄 인컴 ETF'다. 배당 수익률이 10% 전후로 매달 배당을 하기 때문에 하락장과 변동장에서 큰 인기다.

JEPI는 스탠더드앤드푸어스(S&P)500지수 상장 기업에 순자산의 80% 이상을 투자한다. 주로 아마존(AMZN), 마이크로소프트(MSFT), 어도비(ADBE), 마스터카드(MA), 비자(V), 유나이티드헬스그룹(UNH)같은 전통 우량주나 대형 빅테크를 담는다. 주가 안정성도 뛰어나고 회복력도 강한 종목들이다. 나머지 20%는 주식연계채권인 ELN에 투자한다.

JEPI가 '고배당'을 줄 수 있는 이유는 다른 ETF와 차별화되는 '커버드콜 옵션 전략'을 사용하기 때문이다. 바이라이트(Buy-Write)라고도 불리는 커버드콜은 주식, 채권 등 기초자산을 사들이는 동시에 해당 자산을 특정 가격에 살 수 있는 권리인 '콜옵션'을 팔아 매달 혹은 매주 배당 수익으로 분배하는 구조다.

커버드콜은 이렇게 매도해 얻은 옵션 프리미엄을 배당으로 분배하기 때문에 주가가 하락할 때는 옵션 매도 프리미엄만큼 손실이 완충되지만 상승 시에는 수익률이 일정 수준으로 제한된다. 즉 시장이 횡보하거나 하락세를 기록할 경우에 효과적이고 상승장에서는 상대적으로 수익률이 부진하거나 옵션 비용이 높아질 수 있다.

매니저가 직접 기업을 선정하는 액티브 펀드인 만큼 수수료가 0.35%로 다소 높다. '시가총액 가중방식'을 따르는 패시브 펀드와 달리 시장지수보다 높은 성과를 목표로 하기 때문이다.

JEPQ는 JEPI와 마찬가지로 제이피모건에서 운영하는 상품이다. 다만 JEPI가 S&P500지수 상장 기업에 주로 투자하는 것과 달리 JEPQ는 나스닥 100지수 상장 기업에 투자한다. 나스닥 100지수와 S&P500지수 모두 빅테크 비중이 높지만 S&P500지수가 뉴욕증권거래소와 나스닥거래소 등에 상장된 대형주로 구성된 것과 달리 나스닥 100지수는 나스닥 거래소에 상장된 '대형 기술주' 위주로 구성된다. 즉 JEPQ는 기술주에 더 특화된 ETF라는 말이다.

따라서 필수소비재, 산업재 등 경기방어주에 대한 비중이 높고 다양한 종목에 투자하는 JEPI에 비해 JEPQ의 변동성은 더 크다. 때문에 보다 적극적인 투자자에게 어울리는 상품이다. 안정적이고 보수적인 투자자라면 S&P500이라는 변동성이 낮은 지수를 바탕으로 한 JEPI가 더 적합하다.

운용 방식도 기초자산인 주식을 사고 파생 금융 상품인 콜옵션을 매도하는 '커버드콜 전략'으로 동일하다. 예를 들어 나스닥 100지수가 오르면 JEPQ 구성 종목의 주가도 덩달아 상승한다. 그러나 콜옵션 매도 포지션 때문에 주가 상승분은 줄어든다. 경우에 따라서는 오히려 손실이 날 수도 있다. 반대로 나스닥 100지수가 떨어지면 JEPQ 구성 종목 가격이 하락할 가능성이 높다. 이 경우에 콜옵션 매도 포지션은 일정 수익을 얻고 주가 하락분을 상쇄해 준다. 따라서 주가 정체기일 때는 JEPQ같은 고배당 ETF를 적절히 활용하면 빠른 현금 소득을 얻을 수 있다.

추종지수보다 수익률 2~3배?…
결국은 손해 보는 레버리지 ETF

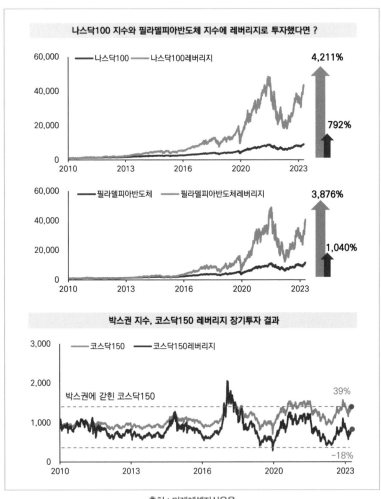

나스닥100 지수와 필라델피아반도체 지수에 레버리지로 투자했다면 ?

나스닥100 — 나스닥100레버리지

4,211%

792%

필라델피아반도체 — 필라델피아반도체레버리지

3,876%

1,040%

박스권 지수, 코스닥150 레버리지 장기투자 결과

코스닥150 — 코스닥150레버리지

박스권에 갇힌 코스닥150

39%

-18%

출처 : 미래에셋자산운용

반드시 부자 되는 자동이체 투자법

레버리지 ETF란 기초 지수가 오르면 그 수익률의 '2~3배' 수익률을 내는 ETF다. 일반 ETF를 같은 돈을 주고 샀을 때보다 2~3배 더 많은 이득을 볼 수 있는 것이다. 만약 추종하는 지수가 KOSPI200인데 이 지수가 그날 1% 올랐다면 KOSPI200을 추종하는 레버리지 ETF는 이론상 2%의 수익률을 내는 것이다.

한 방향으로 강하게, 장기적으로 성장하는 산업을 추종하는 지수에 레버리지를 더한다면 높은 수익률을 얻을 수 있다. 일례로 반도체 산업의 경우 10년 가까이 꾸준한 상승세를 보였다. 이에 미국 반도체 시장을 대표하는 필라델피아반도체지수(HLX Semiconductor Sector Index)를 추종하는 레버리지 ETF는 1배만 추종하는 일반 ETF에 비해 높은 수익률을 보이기도 했다.

〈기초지수가 최초대비 상승 후 등락을 반복하는 경우〉

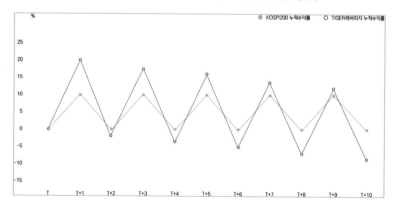

〈기초지수가 최초대비 하락 후 등락을 반복하는 경우〉

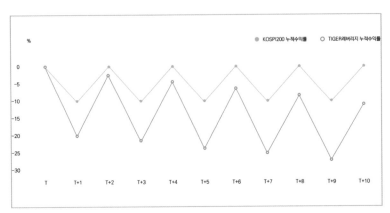

출처 : 미래에셋자산운용

하지만 장이 횡보해 기초지수에는 큰 변화가 없어도 레버리지 상품에는 매우 큰 손실이 날 수 있다. 2배 레버리지가 아닌 3배 레버리지의 경우 수익률에 따른 하락 폭이 더 크다. 주식시장의 변동성은 어느 누구도 예측할 수 없는 만큼 기초지수가 등락을 반복하는 경우가 많은 걸 고려하면 리스크가 매우 큰 상품이다.

반드시 부자 되는 자동이체 투자법

파생상품·리밸런싱·보수율 등 고비용 "투자 신중해야"

따라서 레버리지 ETF는 거래 비용이 높고 손실 시 리스크가 매우 크기 때문에 투자 시 상당히 주의해야 한다. 단기적인 시장 전망에 자신이 있는 투자자에게 적합하고 지속 성장하는 산업에 레버리지를 적절히 활용한다면 높은 수익을 얻을 수 있지만 박스권 등 변동성이 높은 시장에서는 의도치 않은 장기 투자의 늪으로 빠질 수 있다.

더구나 자산을 재조정하는 리밸런싱도 신경 써야 한다. 계속해서 2배, 3배 수익을 내는 레버리지 구조를 맞추려면 어떻게 해야 할까. 오늘 번 수익금에 대해서도 레버리지 포트폴리오를 만들어야 한다. 매일 주가 변동에 따라 비중을 조정해야 해 거래 비용이 많이 생긴다. 또 레버리지 ETF는 상대적으로 보수율이 높다. 또 단기투자에 활용되는 경우가 잦아 위탁매매수수료 비용이 커질 수 있다.

레버리지 ETF에 투자하기로 마음먹었다면 금융 투자협회에서 이용하는 '사전 교육'을 이수해야 한다. 금융 투자교육원 홈페이지에 접속해 교육을 이수받으면 이수 번호와 수료증을 받게 된다. 이를 증권사 MTS에 등록하면 된다. 또 기본 예탁금도 예치해야 하는데 최초에는 1000만 원을 거래 증권사에 예탁하고 채무 불이행 등 불공정거래 이력이 있는 투자자는 1500~3000만 원을 맡겨야 한다.

> **꼭지별 핵심!**
>
> 1. 단언컨대 최고의 투자처는 S&P500과 나스닥 100이다.
> 2. 때문에 SPY, SPLG, QQQ, QQQM은 우리의 친구가 돼야 한다.
> 3. 배당금이 꾸준히 상승하는 SCHD는 국내에도 비슷한 상품이 많다.
> 4. 커버드콜 전략으로 수익률 높은 JEPI와 JEPQ도 눈여겨보자.
> 5. 레버리지 투자에는 신중하자. 누구도 시장의 변동성을 정확하게 예측할 수 없다.

5) 신흥국 투자
인도·베트남·멕시코에서는 돈 냄새가 풍긴다!

인구 대국 '인도' … "5년간 6%씩 성장한다"

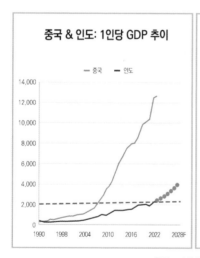

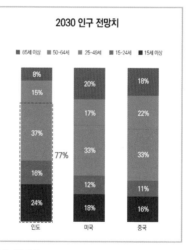

출처 : 미래에세자산운용

'넥스트 차이나' 대표격으로 꼽히는 인도는 신흥국 가운데서도 가장 높은 성장성을 갖춘 나라 중 하나다. 실제 국제통화기금(IMF)이 2024년 1월 발표한 세계경제전망에 따르면 2024년 인도 경제성장률 전망치는 6.5%로, 전 세계 평균(3.1%)은 물론 신흥국 및 개발도상국 평균(4.1%), 중국(4.6%) 등 수치를 크게 웃돌았다. 모건스탠리는 2030년이 되면 인도가 미국, 중국에 이어 세계 3위 경제 대국이 될 것으로 예상했다.

세계 최대 규모 인구, 값싼 노동력을 바탕으로 한 생산성, 미국과 중국의 경쟁 구도 속에서 인도의 강점이 더욱 부각되고 있다. 전 세계에서 가장 젊은 인구 구조 덕분에 인건비도 저렴해 외국인 직접 투자 규모가 확대돼 소비력이 커질 가능성도 크다. 제조업 중심 경제 성장을 추구하는 '모디노믹스'도 인도 증시에 기대감을 높이고 있다.

이에 각 증권사마다 인도 ETF를 쏟아 내고 있다. TIGER 인도니프티50, KODEX 인도Nifty50, KOSEF 인도Nifty50(합성), KODEX 인도Nifty50레버리지(합성), TIGER 인도니프티50레버리지(합성) 등이 수익률 상위권이다. TIGER 인도니프티50 ETF는 인도 대표 주가 지수인

'Nifty 50지수'에 투자한다. 해당 지수는 인도거래소(NSE) 상장 종목 중 유동비율 시가총액 기준 상위 50종목을 담고 있다.

삼성자산운용의 경우 인도 대표지수에 투자하는 KODEX 인도Nifty 50ETF와 KODEX 인도Nifty50레버리지ETF 외에 국내 최초로 인도 테마형 ETF(상장지수펀드)인 KODEX 인도타타그룹 ETF를 선보여 주목을 받기도 했다.

〈수익률 높은 인도 펀드〉

	6개월	1년	3년
삼성클래식인도중소형FOCUS연금증권자투자신탁UH[주식]_S-P	32.87	67.70	126.57
미래에셋TIGER인도레버리지증권상장지수투자신탁(주식혼합-파생형)(합성)	36.49	63.48	122.78
삼성KODEX인도Nifty50레버리지증권상장지수투자신탁[주식-파생형](합성)	34.10	61.23	–
미래에셋연금인디아인프라증권자투자신탁 1(주식)종류C-P2e	36.00	61.01	112.58
IBK인디아인프라증권투자신탁[주식]종류A	34.10	56.54	97.92
미래에셋인도중소형포커스증권자투자신탁 1(주식)종류F	24.95	51.21	95.28
미래에셋인디아디스커버리증권투자신탁 1(주식)종류C-I	28.19	45.49	88.99
삼성KODEX인도Nifty50증권상장지수투자신탁[주식-파생형]	18.40	32.15	–

미래에셋TIGER인도니프티50증권상장지수투자신탁(주식-파생형)	18.58	31.80	–
키움KOSEFNIFTY50인디아증권상장지수투자신탁[주식-파생형](합성)	17.81	30.66	53.03

*기준일 6월 28일, 자료 : 에프엔가이드
*ETF는 초록색으로 표시
(단위 : %)

베트남, 포스트 차이나 1등 대체투자처

베트남은 글로벌 기업의 동남아시아 생산기지다. 인구 1억 명을 돌파한 베트남은 지속적인 높은 경제성장률을 바탕으로 경제 규모를 키우고 있다. 특히 글로벌 기업들이 공급망을 중국에서 베트남으로 재편하는 과정에서 큰 이득을 얻고 있다. 실제 지난 2018년 미중 무역 갈등이 본격화된 이후 미국의 대(對)베트남 수입 비중은 약 2% 증가한 바 있다.

베트남 국내총생산(GDP) 규모는 지난 10년 동안 2배 넘게 성장했다. 전 세계 기준으로도 35번째로 큰 경제 국가로 꼽는다. 영국 싱크탱크 경제경영연구소(CEBR)는 2024 세계경제순위표 연례보고서를 통해 베트남의 경제 순위가 2023년 34위에서 2038년 21위까지 높아져 2045년에는 고소득 국가로 진입할 수 있다고 전망하기도 했다.

베트남에 투자하기 위해선 펀드와 ETF를 활용하면 된다. 한국투자

반드시 부자 되는 자동이체 투자법

신탁운용의 베트남 공모펀드인 한국투자베트남그로스UH(C-W)가 국내 운용규모 500억 원 이상 베트남 펀드 가운데 상위 성적을 기록하고 있다. HDC베트남적립식펀드, 한화베트남레전드펀드, NH-Amundi자산운용의 베트남 레버리지 펀드 역시 높은 수익률을 기록했다. ETF는 'ACE 베트남VN30(합성) ETF', 'ACE 베트남VN30선물블룸버그레버리지 ETF'가 대표적이다.

인도, 멕시코, 베트남 등 신흥국에 투자하는 국내 상장 해외 ETF는 모두 part2에서 언급한 연금저축계좌에서 운영하는 편이 좋다. 연금 계좌로 투자할 경우 매매 차익에 대한 과세(배당소득세 15.4%)가 연기된다. 또 연금으로 수령하면 연금소득세(3.5%~5.5%)로 과세되므로 절세 효과도 누릴 수 있다.

	6개월	1년	3년
삼성베트남증권자투자신탁(UH)[주식]S-P	21,39	24,34	38,11
키움베트남투모로우증권자투자신탁(UH)[주식]C-F	20,61	24,00	36,41
IBK베트남플러스아시아증권투자신탁[주식]종류S	17,61	22,17	34,53
미래에셋베트남증권자투자신탁 1(UH)[주식]종류A-e	21,67	21,38	20,76
한국투자베트남그로스증권자투자신탁(UH)[주식](C4)	18,65	20,00	18,22
한화베트남레전드증권자투자신탁(주식)종류C-f	20,23	19,37	18,72
한국투자ACE블룸버그베트남VN30선물레버리지증권상장지수투자신탁(주식-파생형)(H)	22,12	13,49	-46,75
한국투자ACE베트남VN30증권상장지수투자신탁(주식-파생형)(합성)	18,14	11,64	-6,04
유리베트남알파증권자투자신탁[주식] C/C-W	9,62	10,17	0,25
KB스타베트남VN30인덱스증권자투자신탁(주식-파생형)A-E	6,71	1,54	-23,53

*기준일 6월 28일, 자료 : 에프엔가이드
*ETF는 초록색으로 표시   (단위 : %)

미국 진출 교두보 된 멕시코

　라틴아메리카로 눈을 돌리면 미국과 국경을 맞대 '니어쇼어링'의 수혜를 받는 멕시코도 단연 각광받는 투자처 중 하나다. 니어쇼어링이란 인접국으로 생산 시설을 이동하는 것을 의미한다. 미·중 무역 갈등이 본격화하면서 기업들이 미국과 가까운 멕시코에 기업이 생산 시설을 대거 마련해 운송 비용 및 시간 절약에 나섰다. 테슬라도 멕시코에 기가 팩토리 건설을 위해 향후 50억 달러를 투자하겠다고 밝힌 바 있다.

미국 · 멕시코 · 캐나다의 자유무역협정인 USMCA를 적용해 미국의 인플레이션 감축법(IRA) 등에 따른 인센티브를 받을 수 있는 점도 큰 장점으로 꼽힌다. 임금도 저렴해 대한무역투자진흥공사에 따르면 멕시코의 임금 수준은 미국, 캐나다 등 북미 국가와 비교해 4분의 1에서 5분의 1 수준이며 중국과 비교해도 절반 이하로 저렴하다.

국내 시장에서는 한국투자신탁운용의 ACE 멕시코MSCI(합성) ETF가 유일하다. 환노출형으로 별도 환전 절차 없이 실시간으로 투자할 수 있는 것이 장점이다. 해당 상품은 MSCI가 산출 · 발표하는 MSCI 멕시코 지수의 변화에 연동해 운용되는 상품으로 멕시코 증권거래소(BMV) 상장종목 중 시가총액, 유동비율 등을 고려해 산출된다. 통신업체 아메리카 모빌, 금융서비스업체 그루포 피난치에로 방노르트, 월마트 멕시코 등이 주요 종목으로 있다.

〈수익률 높은 멕시코 및 중남미 펀드〉

	6개월	1년	3년
미래에셋TIGER라틴증권상장지수투자신탁(주식)	-5.75	3.97	28.22
한국투자ACE멕시코MSCI증권상장지수투자신탁(주식-파생형)(합성)	-9.66	-2.33	42.14
미래에셋라틴인덱스증권투자신탁 1(주식)종류A	-13.66	-5.38	-1.69
슈로더라틴아메리카증권자투자신탁(주식-재간접형)종류C5	-15.74	-11.60	-11.68
신한중남미플러스증권자투자신탁(H)(주식)(종류A 1)	-16.04	-12.79	-16.70

*기준일 6월 28일, 자료 : 에프엔가이드
*ETF는 초록색으로 표시

(단위 : %)

꼭지별 핵심!

1. 신흥국은 항상 우리의 투자 레이더에 들어가야 한다.
2. 미국과 국경을 맞댄 멕시코, 인구가 꾸준히 늘어가는 인도 그리고 동남 아시아의 생산기지 베트남에 주목하자!
3. 적립식으로 모아간다면 당신의 연금 계좌 수익률은 어느새 반짝인다.

반드시 부자 되는 자동이체 투자법

6) 금 투자
인플레이션·경제 위기? 피난처는 바로 이곳

"투자의 첫 번째 규칙은 (돈을) 잃지 않는 것입니다. 그리고 투자의 두 번째 규칙은 첫 번째 규칙을 잊지 않는 것입니다. 이것이 모든 규칙의 전부입니다."

높은 수익만을 추구하기보다는 리스크를 관리하면서 안정적인 수익을 추구하는 것이 바람직하다는 이야기다. 특히 글로벌 경제 불확실성이 커지며 국내외 금융시장이 흔들리는 순간, 사람들은 '안전자산'을 주목하곤 한다. 경기 침체로 증시가 불안하거나 금융자산의 가치가 떨어졌을 때 찾게 되는 대표적인 안전자산이 바로 '금'이다.

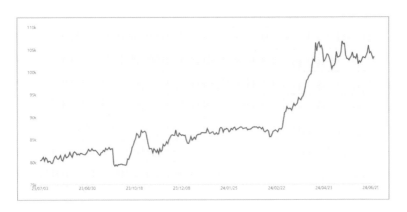

최근 1년간 금 가격 추이, 출처 : 우리은행

　그렇다면 금은 왜 사야 할까? 반복되는 경제 위기 속에서 금이 가치를 발휘하기 때문이다. 금은 이자, 배당금과 같이 현금 흐름을 발생시킬 수 없기 때문에 주 투자 수단이 될 수 없다. 그러나 포트폴리오의 일부로 꾸준히 매수했을 경우 경제 위기가 닥쳤을 때 힘을 발휘할 수 있다. 가령 주식시장이 폭락했을 때 급등한 금을 팔아 유망한 종목을 선점하는 식으로 기회를 잡는 것이다.

　금의 매수 시점은 앞서 살펴본 변수들의 흐름을 보는 것이 기본이지만 추가로 챙겨 봐야 할 지점이 있다. 바로 금의 생산가인 '채굴 원가'다.

반드시 부자 되는 자동이체 투자법

화폐는 종이와 잉크만 있으면 계속해서 찍어 낼 수 있지만 금은 매장량이 한정돼 있다. 금을 광산에서 채굴할 때 노동력과 장비 등 여러 비용이 발생하게 되는데 이를 '채굴 원가'라고 한다.

만약 금값이 채굴 원가와 비슷해지면 어떻게 될까? 금값이 하락해 채굴 원가와 비슷해지게 되면 광산업체는 금을 캘수록 손해를 보기 때문에 채굴하지 않을 것이고 금 생산량이 줄어들게 된다. 금 생산량이 줄어들면 금의 가격은 방어된다. 따라서 금값이 채굴 원가와 가까워질수록 금 시세는 상대적으로 싸지게 된다. 전 세계 금광의 채굴 원가는 현재 온스당 1300달러 수준으로 해마다 변동하기 때문에 추이를 확인하는 것이 좋다.

어디서, 어떻게 사야 할까?

		KRX금시장	은행 골드뱅킹	금펀드
거래단위		1g 단위	0.01g	상품별로 상이
가격		공정가격 – 시장에서 형성되는 실시간가격	고시가격 – 원화로 환산된 국제가격을 고려한 은행고시가격	상품별로 상이
장내거래	**수수료**	증권사 온라인수수료 (0.3% 내외)	통장거래시 : 매매기준율 X 1% 실물거래시 : 매매기준율 X 5%	선취수수료(1~1.5%)
	세금	양도소득세 면제 부가가치세(10%)면제	매매차익에 대한 배당소득세(15.4%)	매매차익에 대한 배당소득세(15.4%)
실물인출	**인출비용**	1개당 20,000원 내외	실물거래만 인출 가능 (실물거래수수료 5%에 포함)	실물 인출 불가
	VAT	거래가격의 10%	거래가격의 10%	
금인출		증권사 지점에서 인출(수령) 가능 (약 2일 소요)	은행 영업점에서 인출(수령) 가능 (약 1주 소요)	

출처 : 한국거래소

　가장 추천하는 방식은 한국거래소가 운영하는 금 현물 시장, KRX 금시장을 이용하는 방식이다. 증권사에서 금 현물 계좌를 개설하고 KRX 금시장에서 금을 사는 방식이다. 한국조폐공사가 품질을 인증한 순도 99.99%의 금을 실시간 단위로 시세를 보면서 1g 단위로 사고팔 수 있어 소액 투자가 가능하다.

　　　　　　　　　반드시 부자 되는 자동이체 투자법

KRX 금시장의 가장 큰 장점은 매매 차익에 대한 양도소득세와 배당소득세가 면세된다는 것이다. 또 수수료도 온라인 매매수수료가 0.2~0.3% 수준으로 저렴한 편이다. 수수료는 증권사별로 고객 유치 경쟁에 나서면서 각기 다르기 때문에 KRX 금시장에 투자하기로 했다면 각 증권사의 수수료를 따져 보고 한 곳을 선정하는 편이 좋다. 만약 보유한 금이 100g 이상일 경우에는 골드바로 인출도 가능하다. 다만 거래 가격의 10%에 해당하는 부가가치세를 내야 하고 개당 2만 원 수준의 인출 비용이 발생한다.

'현물'로 사는 방식도 있다. 순금을 사거나 골드바를 구매하는 방법이다. 골드바는 한국조폐공사, 은행, 귀금속 매장 또는 온라인에서 구매할 수 있다. 골드바는 별도의 보유세를 내지 않으나 구입할 당시에 부가가치세 10%가 붙은 가격으로 구입해야 한다.

금광회사 주식, 금 ETF도 주목

은행에서 가입하는 골드뱅킹, 금통장도 있다. 입금액만큼 금을 적립해 나중에 실물로 찾거나 현금으로 인출하는 방식이다. 비대면 거래할 수 있어 실물 거래보다 간편하고 0.01g 단위로 사거나 팔 수 있고 투자 방식이 간편하다는 것이 큰 장점이다. 다만 골드뱅킹 내 금을 매매하면 수수료가 1% 발생하고 실물로 찾을 때는 부가가치세 10%, 매매 차익에 15.4%의 배당소득세가 적용된다. 또 원화를 달러로 환전해 국제 금 시세로 매매하기 때문에 환율 리스크도 있다.

금광회사의 주식을 사는 금펀드, 금 가격 추이를 따라가는 금 관련 상장지수펀드(ETF)를 구입하는 것도 방법이다. 금펀드는 금값 이외에 환율, 기업 실적에 영향을 받아 금값이 올라도 반드시 수익이 높아지는 것은 아니며 운용 보수도 1~2%로 비싼 수준이라는 점에 유의해야 한다. 금 ETF는 연보수가 0.7% 수준으로 낮은 편이고 환헤지가 된 상품이 많은 것도 장점이다. 다만 국제 금 시세 관련 ETF는 매매 차익에 대해 배당소득세(15.4%)가 부과되며, 해외에서 출시된 금 ETF는 매매 차익에 양도소득세(22%)가 부과된다는 점은 유념해야 한다.

7) 환테크
출렁이는 환율에서 돈 버는 비법

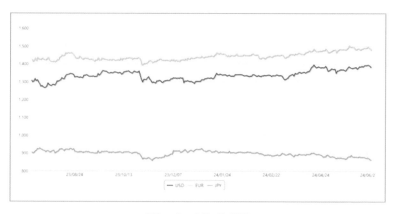

환율 그래프, 출처 : 우리은행

반드시 부자 되는 자동이체 투자법

저점에 머무는 엔화에 투자하고 싶다면 어떻게 해야 할까. 가장 쉬운 방법은 엔화를 환전하는 것이다. 원화를 은행 앱 등을 통해서 엔화로 바꾸는 것인데 소액일 경우에도 편하게 환전할 수 있고 차곡차곡 모으다가 여행 자금 등 필요한 순간이 생기면 출금해서 쓸 수 있다. 환율 차이에 대한 이익, 즉 환차익에 대해서는 세금을 내지 않는다는 장점이 있다. 다만 환전 수수료 때문에 전부 다 가져갈 수는 없다.

환전하고 보관하는 예금통장도 있다. 금리가 '제로' 수준이라 이자 수익을 기대하기 힘들지만 추후 엔화 가치가 반등하면 환차익을 노릴 수 있다. 원화에서 엔화, 엔화에서 원화로 바꿀 때 수수료가 드는 것이 단점이다. 각 은행별로 운영 중인 '환전주머니'를 활용하면 별도 수수료 없이 필요할 때 일반 영업점에서 인출해 사용할 수 있으나 인천공항에서 환전할 경우 같은 은행이어도 수수료가 비쌀 수 있어 손실을 볼 수 있다.

여행을 위한 엔화 투자가 아닌 좀 더 시세 차익을 위한 투자를 위해선 원화로 엔화 상장지수펀드(ETF)를 사는 방법도 있다. 군이 원화를 엔화로 바꾸는 과정을 거치지 않고, 내 계좌 속에 들어 있는 원화로 엔화를 가지고 있는 효과를 누릴 수 있다. 'TIGER 일본엔선물 ETF'는 국내에서 엔화에 투자할 수 있는 유일한 ETF다. 엔선물지수를 추종하는 상품으로 최근 엔저에 연초 대비 수익률은 약 -6%에 그치고 있다.

토픽스(도쿄 증권거래소 1부에 상장된 일본 내 기업들의 주가지수), 니케이(도쿄 증권 거래소 1부 상장 종목 중 거래가 활발하고 유동성이 높은 225 종목 선별) 지수를 추종하는 ETF에 투자하는 방법도 있다. 대표적으로 KODEX일본TOPIX100, 미래에셋의 TIGER 일본225 등이 있다. 두 상품은 모두 환헤지가 되지 않은 상품이다. '지금 엔화가 싸고 나중에 더 비싸질 거야.'라는 것에 주안점을 둔다면 헤지를 시키지 않고 노출하는 것이 좋다. 저렴한 엔화가 시간이 지나서 오를 경우 토픽스, 니케이지수 등이 오르는 것에 더해 엔화 가치가 상승하는 것까지 이익을 얻을 수 있기 때문이다.

"엔테크·반도체 두 마리 토끼 잡자" 日 소부장 ETF 뜬다

01	일학개미의 투자 수요 충족	• 일본, 일본 반도체에 투자를 희망하는 일학개미의 수요 충족 – 올해 일본 경제는 잃어버린 30년을 회복하며 증시 활황 – 국내 투자자들의 일본 투자에 대한 관심 집중 – 제한적 매매만 가능한 일본 주식시장에 ETF로 편리하게 투자
02	국내 최초 일본 반도체 소부장 기업 투자 ETF	• 미중 갈등속 반도체 왕국 부활을 꿈꾸는 일본 • 글로벌 주요 반도체 기업 투자 증가에 따른 일본 반도체 소부장 기업 수혜 – 삼성전자, 인텔, TSMC 등 글로벌 반도체 기업들의 반도체 투자 증가 – 이에 따라 일본 반도체 소부장 기업들의 발주 증가로 수혜 – 일본정부의 보조금, 세제혜택 등 강력한 인센티브 정책으로 반도체 산업 적극적 지원
03	엔화에 투자할 수 있는 효율적 수단	• 엔저 환경에서 엔화에 투자할 수 있는 효과적인 수단 – 글로벌 고금리 정책과 반대로 일본은 저금리 정책을 유지하여 역대급 엔화 절하 상태 – 통화 정책 변경으로 인해 약한 인플레이션만으로도 엔화는 절상 가능 – 향후 엔화 절상 시 환노출형 ETF의 환차익 기대

ARIRANG 일본반도체소부장Solactive 설명, 출처 : 한화자산운용

현재 투자자들이 일본 산업에서 가장 주목하고 있는 것은 '반도체 소부장(소재 · 부품 · 장비)'이다. 최근 워렌 버핏도 일본 무역상사 주식을 매집하고 있어 화제다.

일본이 가진 반도체 소부장 영향력은 얼마나 될까. 미국 안보신기술센터(CSET)에 따르면 일본이 반도체 소재 시장에서 차지하는 점유율은 56%로 전 세계 1위다. 부품분야에서도 인테르, 엔비디아, 퀄컴 등에 사용되는 마이크로 절연 필름을 개발한 아지노모트가 기술력을 인정받고

있다. 글로벌 반도체 장비 시장점유율도 전(前)공정 장비에서 29%, 후(後)공정 장비에서 44%를 차지하고 있다.

만약 저평가된 엔화를 활용해 일본의 유망한 산업까지 투자할 수 있다면 어떤 일이 벌어질까. 후에 엔화가 절상할 경우 환차익까지 얻을 수 있다. 이에 일본 반도체에 투자하면서도 엔화 강세 때 환차익을 얻는 '환노출형' ETF를 선택하는 것이 효과적이다. 국내 상장된 상장지수펀드(ETF) 중에서 일본의 반도체 소부장에 투자할 수 있는 대표적인 환노출형 상품은 한화자산운용의 'ARIRANG(아리랑) 일본반도체소부장 Solactive(솔액티브) ETF'다. 해당 ETF는 국내에 처음으로 상장된 일본 반도체 ETF로 인공지능(AI) 열풍에 따른 반도체 업황 개선을 기대한 투자자들이 몰리고 있다. 일본 도쿄증권거래소에 상장된 반도체 소재, 부품, 장비 관련 대표 기업 20개 종목에 투자한다.

'TIGER일본반도체FACTSET'도 눈여겨볼 만하다. TIGER일본반도체 FACTSET은 반도체 산업과 매출이 연계된 일본 기업에 투자하고 있다. 일본 증시에 상장한 유일한 반도체 테마 ETF인 '글로벌엑스 일본반도체'

와 동일 지수를 추종하고 있고 디스코, 도쿄일렉트론 등을 큰 비중으로 담고 있다. 반도체 전 공정 가운데 세정공정 장비에 특화된 스크린홀딩스도 구성 종목 중 하나다.

꼭지별 핵심!

1. 원화를 은행 앱을 통해 엔화로 바꾸는 것이 엔화 직접 투자의 첫 단계다.
2. 환차익에 대한 세금은 없지만 환전 수수료는 발생한다.
3. 일본 주식을 사는 것도 엔저를 활용하는 방법 중 하나다.
4. 일본 소부장 ETF는 반도체 지원 확대로 유망하게 떠오르고 있다.
5. 엔저를 활용해 환차익을 얻고 싶다면 환노출형 ETF를 구매하라.

Part 4

자동이체 고급 노하우
: 상위 5% 부자의 투자 비밀

Part 4에 들어가기 전 꼭 알아야 할 이야기

1. 방법론은 끝났다. 이제 당신이 직접 움직일 차례다. 현재 내 자산과 부채 상황을 파악하고 자동이체 장바구니를 설정한 뒤 내 마음에 드는 상품을 골라서 매달 입금하면 된다.

2. part4에서는 실제로 내가 개인 퇴직연금부터 IRP 계좌, 연금저축계좌, ISA를 어떻게 활용하고 있는지, 또 각 계좌별로 어떤 상품을 담는 것이 효율적인지 소개한다.

3. 물론 정답은 아니다. 사람마다 투자 철학이 다르다. 그러나 길라잡이는 될 수 있다. 벤치마킹하기로 결심했다면 적어도 오류를 범할 일은 없을 것이다.

1) IRP
꾸준히 중위험·중수익 상품을 매수해라!

국내 고금리 정기예금 상품 30% (안전자산 30% 규정)

IRP는 안전자산 30% 규정이 있다. 노후의 안정적 수급권을 보장하기 위해 IRP 계좌에서는 주식형 펀드 같은 위험자산 비중을 70%까지로 제한했다. 안전자산에는 예금, 적금, 증권사 ELB(주가연계파생결합사채), RP(환매조건부채권), 국채증권 등과 같은 원리금 보장형 상품이 대표적이다. 또 주식 비중이 40% 미만인 채권혼합형펀드, 채권혼합형 ETF, 적격 TDF 등 투자 위험을 낮춘 상품도 포함된다. 30%는 국내 예금 상품으로 채우는 것이 좋다.

용방법 상품   펀드   **예금/ELB**   관심상품   보유상품

Q

상품구분 ˅   예치기간 ˅

예금
다올저축은행정기예금IRP(12M)   3.70%

예금
한국투자저축은행정기예금IRP(12M)   3.65%

예금
웰컴저축은행정기예금IRP(12M)   3.65%

예금
고려저축은행정기예금IRP(12M)   3.55%

상품 추가 (1)

IRP 내 가입 가능한 정기예금

반드시 부자 되는 자동이체 투자법

국내 채권 펀드 & ETF 20%

IRP 내 가입 가능한 채권

    여기에 안정적인 채권 상품 20%를 채우면 50%는 은행 이자 이상을 기대하는 자산을 갖추게 된다. 은행이나 증권사에서 가입한 IRP 계좌에선 수익률 상위 안전자산 상품을 쉽게 찾아 볼 수 있다. 예금 상품 1년 만기 상품과 국고채 및 단기 채권, 채권형 펀드 등의 3개월, 6개월, 1년 수익률도 나오며 각 상품별 최근 가장 많이 팔린 종목도 살펴볼 수 있다. 단순하게 수익률이 높은 펀드나 유행 펀드보다는 긴 안목을 갖고 1년 이상 수익률이 뒷받침되는 종목을 중심으로 매월 매수하는 것을 권한다.

국내 상장 미국 지수 ETF 3종
(S&P500, 나스닥 100, 배당 성장) 30%

나머지 50% 중에서는 국내 상장된 미국 지수 ETF 3종인 S&P500, 나스닥 100, 배당성장 ETF를 각각 10%씩 전체 30%를 매수하고 있다. 미국 시장에 간접 투자하는 셈이다. 국내 상장된 해외 ETF의 매매 차익에는 15.4%의 배당소득세가 부과된다. 연금 계좌는 수익금에 붙는 세금을 55세 이후로 미뤄 3.3%~5.5%의 연금소득세로 정산하기 때문에 세금으로 내야 할 돈까지 계속 투자로 굴릴 수 있어 복리 효과도 노릴 수 있다.

S&P500 추종 상품은 신한자산운용의 'SOL S&P500'이 S&P500지수를 추종하는 국내 대표 ETF로 한국에서 출시된 최초의 월 배당 ETF이기도 하다. 같은 지수를 추종하는 상품으로 KODEX 미국S&P500TR을 비롯해 TIGER 미국S&P500, ACE 미국S&P500, KBSTAR 미국S&P500, WOORI 미국S&P500, KOSEF 미국S&P500, HANARO 미국S&P500 등이 있다.

나스닥 100은 미래에셋자산운용사에서 발행한 TIGER나스닥 100이 '한국판 QQQ ETF'라고 불리며 인기다. 같은 지수를 추종하는 상품으로 KODEX 미국나스닥 100TR, ACE 미국나스닥 100, KBSTAR 미국나스닥 100, SOL 미국나스닥 100 등이 있다.

배당성장 ETF는 TIGER미국배당다우존스가 대표적으로 한국판 SCHD로 주목을 받고 있다. 월 배당 상품인 만큼 매달 마지막 영업일에 보유하고 있으면 배당을 받을 수 있다. 같은 지수를 추종하는 상품으로 ACE 미국배당다우존스, SOL 미국배당다우존스 등이 있다.

테마 ETF (반도체, 2차 전지, 로봇, 바이오 및 헬스, 신재생 등 중장기 테마) 20%

ETF명	1개월	3개월	6개월	연초 이후
한국투자ACE미국빅테크TOP7Plus레버리지증권상장지수투자신탁(주식-파생형)(합성)	23.47	39.56	105.86	106.28
한화ARIRANG미국테크10레버리지iSelect증권상장지수투자신탁(주식혼합-파생형)(합성)	23.83	39.84	89.64	91.00
미래에셋TIGER필라델피아반도체레버리지증권상장지수투자신탁(주식혼합-파생형)(합성)	16.07	30.03	90.14	84.71
NH-AmundiHANARO원자력iSelect증권상장지수투자신탁(주식)	-0.96	30.81	67.18	64.50
한국투자ACE글로벌반도체TOP4PlusSOLACTIVE상장지수투자신탁(주식)	12.17	17.56	63.48	61.02
한국투자ACEAI반도체포커스증권상장지수투자신탁(주식)	14.38	25.69	65.03	60.19
삼성KODEX미국반도체MV증권상장지수투자신탁[주식]	10.59	19.43	61.71	60.03
키움KOSEF글로벌AI반도체증권상장지수투자신탁[주식]	10.19	14.57	58.51	57.07
NH-AmundiHANARO글로벌반도체TOP10SOLACTIVE증권상장지수투자신탁(주식)	11.04	16.81	57.38	55.19
미래에셋TIGER미국나스닥100레버리지증권상장지수투자신탁(주식혼합-파생형)(합성)	14.81	23.42	55.04	54.48

*기준일 6월 28일, 자료 : 에프엔가이드   (단위 : %)

끝으로 테마형 ETF를 20% 정도 편입하고 있다. 반도체, 2차 전지, 로봇, 바이오 및 헬스, 신재생 등 적어도 10년 이상 지속될 미래 산업 업종에서 고른다. 대표적으로 반도체에서는 'TIGER 필라델피아반도체나스닥'은 미국 반도체에 투자하는 대표적인 ETF다. 나스닥 등 미국 주식에 상장된 종목 중 반도체 섹터 시가총액 상위 30개 종목을 구성 종목으로 담는다. 이외에도 KODEX 미국반도체MV, KBSTAR 미국반도체NYSE 등이 대표적인 미국 반도체 ETF다.

필자가 IRP 계좌에서 매수하고 있는 여행레저 관련 ETF

개인적으로 코로나 19가 끝나고 여행레저 관련주가 상승할 것이라고 관련 ETF를 적립식으로 매수하고 있는데 시간이 갈수록 하락해 '비자발적 장기 투자자' 대열에 동참하고 있다. 1~2년 유행이 아닌 적어도 3~4년 길게는 10년 이상 지속 성장할 산업을 골라야 한다.

2) 연금저축
수익률이 뒷받침되는 해외에 집중해라!

– 중국 20%

– 베트남 20%

– 인도 20%

– 멕시코 20%

– 유럽 20%

각 나라별로 여러 종류의 ETF가 있다. 예를 들어 최근 인기를 끌고 있는 인도만 해도 삼성자산운용은 KODEX 인도Nifty50, KODEX 인도Nifty50레버리지, KODEX 인도타타그룹 등 3종의 인도 ETF를 보유 중이다.

반드시 부자 되는 자동이체 투자법

개인적으로 연금저축계좌에는 해외 자산을 담았다. 나는 단순하게 수익률이 높은 펀드나 유행 펀드보다는 긴 안목을 갖고 1년 이상 수익률이 뒷받침되는 종목을 중심으로 매월 매수하는 것을 권한다. 현재 종목으로 교체했던 지난 2015년에는 ETF 시장이 본격적으로 열리기 전이라 미국을 비롯해 중국, 인도, 유럽, 베트남 등 5개 국가 펀드를 자동이체로 투자했다. 최근 연금저축 투자는 수수료 높은 펀드 대신 대부분 ETF로 투자한다.

대표적 해외 투자 상품

미국: S&P500과 나스닥 100 지수 추종 상품 국내 상장 ETF가 대표적이다. S&P500은 SOL S&P500, KODEX 미국S&P500TR, TIGER 미국S&P500, ACE 미국S&P500, KBSTAR 미국S&P500 등이 있다. 나스닥 100은 TIGER나스닥 100, KODEX 미국나스닥 100TR, ACE 미국나스닥 100, KBSTAR 미국나스닥 100, SOL 미국나스닥 100 등이 있다.

유럽: TIGER 유로스탁스50(합성)과 KBSTAR 유로스탁스50(H), TIGER 유로스탁스배당30 등이 대표적인 유럽 ETF다. TIGER 유로스탁스배당30은 지속적인 배당 성향 증가세가 기대되는 유로 지역 기업들의 배당주에 분산투자하는 상품이다.

중국: ACE 차이나항셍테크는 홍콩에 상장된 중국 혁신기술기업을 편입하고 있는 항셍테크 Index를 기초지수로 추종한다. KB자산운용의 'KBSTAR 차이나항셍테크', 삼성자산운용의 'KODEX차이나H'와 'KODEX 차이나항셍테크', 하나자산운용의 '1Q 차이나H(H)'가 대표적인 중국 ETF상품이다.

베트남: ACE 베트남VN30(합성)은 국내 유일 베트남 ETF다. 베트남 증시에 상장된 주식의 성과를 보여 주는 VN30 지수(VN30 Index)를 기초지수로 한다. 이외는 한국투자베트남그로스펀드, HDC베트남적립식펀드, 한화베트남레전드 등이 베트남 관련 펀드다.

멕시코: ACE 멕시코MSCI(합성)는 모건스탠리캐피탈인터내셔널 (MSCI)이 산출하는 MSCI 멕시코를 추종한다. 환노출형으로 별도 환전 절차 없이 실시간 투자도 가능하다. MSCI가 산출·발표하는 MSCI 멕 시코지수의 변화에 연동해 운용되는 상품이다.

인도: KODEX 인도Nifty50은 인도 NSE 거래소에 상장된 우량주 50 종목으로 구성된 인도 대표지수 Nifty 50 지수를 추종하며, 인도 주식시 장 전반에 투자할 수 있는 ETF다. 14억 명이 넘는 인구를 보유한 인도가 풍부한 노동력을 갖춘 거대한 소비시장으로 떠오르면서 주목받고 있다. 이외에 TIGER인도니프티50, KODEX인도타타그룹, TIGER인도빌리언 컨슈머 등이 있다.

일본: TIGER 일본반도체FACTSET는 반도체 산업과 매출이 연계된 일본 기업에 투자한다. 일본 증시에 상장한 유일한 반도체 테마 ETF인 '글로벌엑스 일본반도체'와 동일 지수를 추종한다.

브라질: 미래에셋브라질업종대표증권자투자신탁1호는 브라질 지역의 업종 대표 주식에 투자한다. 브라질 최대 기업 '페트로브라스', 니켈 채굴 기업 '발레' 등에 투자한다. 금융·원자재 업종에 투자하는 '한화브라질증권자투자신탁'도 있다.

〈지역별 펀드 평균 수익률〉

지역/국가	펀드수	설정액	3개월	1년	3년	5년
브릭스	30	2,048	6.02	2.27	−34.58	−11.66
신흥아시아	30	2,929	0.86	7.53	4.03	25.02
중국	186	66,266	4.96	−7.04	−42.05	−12.76
베트남	21	8,748	0.43	13.97	1.14	49.00
인도	31	14,790	14.84	41.78	70.81	137.28
일본	39	3,751	−2.27	21.99	37.68	73.98
유럽	40	2,032	0.87	12.82	14.63	41.69
북미	160	170,609	9.64	37.46	51.61	133.53
중남미	7	504	−11.19	−7.23	−0.12	−0.74
브라질	10	569	−9.83	−4.92	−9.20	−8.61

*기준일 6월 28일, 자료 : 에프엔가이드
*설정액 단위 : 억 원
(단위 : %)

반드시 부자 되는 자동이체 투자법

3) ISA
매월 리츠·배당주 모아 절세 혜택 극대화해라!

국내 리츠 ETF 60%

ETF명	1개월	3개월	6개월	1년	연초 이후
ESR켄달스퀘어리츠	-3.43	4.27	27.12	15.71	27.12
신한서부티엔디리츠	2.24	4.83	14.49	19.70	18.39
SK리츠	7.45	12.47	18.43	-7.26	17.84
이지스레지던스리츠	0.70	11.74	13.50	10.60	14.85
미래에셋글로벌리츠	-2.98	-9.78	14.66	-8.01	14.44
이지스밸류리츠	-0.58	10.73	13.68	11.94	12.43
KB스타리츠	-0.78	5.45	14.10	-3.26	12.09
코람코더원리츠	1.39	1.19	9.68	7.94	9.68
미래에셋맵스리츠	-4.90	-6.62	8.57	-8.07	9.33
NH올원리츠	2.92	1.93	6.78	1.79	9.14

*기준일 6월 28일, 자료 : 에프엔가이드 (단위 : %)

ISA 계좌는 이자·배당소득에 대해 일반형은 200만 원, 서민형은 400만 원까지 비과세된다. 고배당주 ETF나 리츠를 투자하기에 적격이다. 또 국내 상장 해외 ETF도 매매 차익과 분배금 모두 배당소득세로 분류된다. 15.4%의 배당소득세를 내야 하는데 ISA 계좌에서는 200만 원 (400만 원)까지 비과세다. 현재 필자의 ISA 계좌에서는 리츠 6종목과 고배당주 ETF, 미국 국채, 한국 국채 ETF를 각각 1종목씩 보유하고 있다.

대표 상품: TIGER 리츠부동산인프라는 2019년 7월 상장한 국내 최초 리츠 ETF이며 자산 규모가 4000억 원에 육박하며 현재 국내 리츠 ETF 중 규모가 가장 크다. 최근 연 보수가 0.08%까지 낮아져 국내 상장된 리츠 ETF 중 최저 수준이다.

이외에도 'KODEX 한국부동산리츠인프라', 'ARIRANG K리츠Fn' ETF, '히어로즈 리츠이지스액티브 ETF', 'KBSTAR 글로벌리얼티인컴', 'KODEX 한국부동산리츠인프라', 'WOORI 한국부동산TOP3플러스' 등이 있다.

고배당 ETF 20%

펀드명	1개월	3개월	6개월	연초이후	1년
미래에셋TIGER미국배당+7%프리미엄다우존스증권상장지수투자신탁(주식-파생형)	955.0000	3,145.0000	5,035.0000	5,035.0000	7,625.0000
미래에셋TIGER미국배당다우존스증권상장지수투자신탁(주식)	740.0000	3,355.0000	6,155.0000	6,155.0000	6,280.0000
신한SOL미국배당다우존스증권상장지수투자신탁[주식]	260.0000	910.0000	1,630.0000	1,630.0000	2,910.0000
한국투자ACE미국배당다우존스증권상장지수투자신탁(주식)	210.0000	730.0000	1,210.0000	1,210.0000	2,270.0000
한화ARIRANG고배당주증권상장지수투자신탁(주식)	436.1240	248.3042	958.1995	955.0161	1,126.9190
신한SOL미국배당다우존스증권상장지수투자신탁[주식](H)	60.0000	200.0000	450.0000	450.0000	1,080.0000
미래에셋TIGER미국배당+3%프리미엄다우존스증권상장지수투자신탁(주식-파생형)	25.0000	100.0000	195.0000	195.0000	440.0000
미래에셋고배당포커스증권자투자신탁 1(주식)	−14.5922	−40.7782	−93.8055	−83.2429	282.8944
미래에셋미국배당프리미엄증권자투자신탁(주식)(H)	211.6212	231.5485	250.2949	249.7023	257.5523
미래에셋TIGER미국S&P500배당귀족증권상장지수투자신탁(주식)	5.0000	110.0000	170.0000	170.0000	220.0000

*기준일 6월 28일, 자료 : 에프엔가이드
*ETF는 초록색으로 표시

(단위 : 억 원)

대표 상품: 한화자산운용의 아리랑 고배당주 ETF가 대표적 고배당 ETF다. 아리랑 고배당주 ETF의 경우 금융지주사가 중심이다. 최근 정부의 기업 밸류업 프로그램 발표 효과와 맞물리면서 인기를 끌고 있다.

이외에도 TIGER 은행고배당플러스TOP10과 SOL 금융지주플러스 고배당ETF 역시 배당수익률이 높은 은행주를 집중적으로 편입한 상품이다. KoAct 배당성장액티브, KB스타 고배당 ETF도 주목할 만하다. 국내 상장 미국 고배당 ETF는 미래에셋자산운용의 'TIGER 미국배당다우존스', 'TIGER 미국배당 +7%프리미엄다우존스', 신한자산운용의 'SOL 미국배당다우존스' 등이 있다.

한국 & 미국 장기국채 ETF 20%

대표 상품: KB자산운용의 'KBSTAR KIS국고채30년Enhanced ETF'는 대표적인 미국 장기채 ETF다. 분기마다 분배금을 지급하며 금리인하 가능성이 가시화될수록 관심이 커진다. 이외에도 삼성자산운용의 'KODEX 미국30년국채액티브(H)'가 있다. 미국 30년 국채(30% 이하)와 뱅가드의 미 장기국채 ETF(VGLT) 등 관련 ETF(70% 이상)에 재간접 투자하는 상품이다.

반드시 부자 되는 자동이체 투자법

4) 서학개미 ETF 6종 세트
라이징 스타는 언제나 우리 편

미국 지수 추종 인덱스 ETF 40% (SPLG, QQQM),

배당성장 & 커버드콜 ETF 40% (SCHD, JEPI, JEPQ),

리츠 20% (리얼티인컴)

   미국 주식에 투자해야 하는 이유는 전 세계 1등이 모여 있기 때문이다. 메이저리그와 같다. 야구 좀 하는 선수라면 미국 메이저리그 진출을 꿈꾸듯이 어느 나라건 1등 하는 기업은 미국 주식시장에 입장하려고 한다. 실제 실력 없는 기업은 편출하고 새로운 라이징 스타는 편입한다. 글로벌 1등 시장에 투자는 필수다. 시장이 커지는 나라에 투자해야 한다. 미국에 주식 투자하는 서학개미가 급증하는 이유가, 시장이 커지는 우상향하는 시장이기 때문이다.

필자는 S&P500 지수 ETF인 SPLG와 나스닥 100 지수 ETF인 QQQM를 각각 20%씩 기본으로 깔고 배당 성장 & 커버드콜 ETF인 SCHD, JEPI를 각각 20%, 대표적 리츠 ETF인 리얼티인컴 'O'를 20%씩 자동 투자한다.

SPLG: S&P500를 추종하는 지수. 해당 지수를 동일하게 따라가는 대표적인 ETF, 'SPY'보다 1주당 가격이 9분의 1에 불과하고 수수료도 4배 이상 낮은 것이 큰 장점으로 꼽힌다.

QQQM: 자산운용사 인베스코의 ETF로 기존의 나스닥 100지수를 추종하는 ETF 'QQQ'(0.2%)보다 수수료를 0.05% 떨어뜨린 ETF, 분기 배당으로 3월, 6월, 9월, 12월에 배당금이 지급된다.

SCHD: 다우존스 미국 배당 100지수를 추종하는 대표적인 배당성장형 ETF. 2011년 10월 미국 증시에 상장된 이후 12년간 연 12.3% 수익률을 보였다. 연간 배당률은 3.3% 수준이다.

JEPI: S&P500 지수 상장 기업에 순자산의 80% 이상을 투자하는 우량주, 빅테크 중심의 월 배당 ETF. 커버드콜 전략으로 월 배당률을 극대화한 것이 장점으로 꼽히며 연간 배당 수익률이 8%가 넘는 것이 특징이다.

JEPQ: S&P500 지수 상장 기업에 주로 투자하는 JEPI와 달리 나스닥 100 지수 상장 기업에 투자하는 ETF. 나스닥 100지수가 나스닥 거래소에 상장된 기술 우량주 위주로 구성된 만큼 기술주에 더 특화된 상품이다.

O: 미국 내 상업용 부동산 포트폴리오를 임대, 운영하는 부동산 신탁회사(REIT), 리얼티인컴의 티커. 월 배당주로 유명하며, 안정적인 임대료 수입을 바탕으로 꾸준히 배당금을 인상하고 있어 배당매력주로 꼽힌다.

전통적인 미국 주식은 배당에 진심이다. 전 세계에서 긁어모은 '부'를 주주들에게 아낌없이 돌려준다. 그만큼 주주 친화적인 배당시스템을 갖췄다. 투자자 입장에서 꾸준히 투자한다면 매월 혹은 매 분기마다 주어지는 배당에 더해 주식 가격 상승에 따른 시세 차익도 거둘 수 있다.

미국 배당주에는 계급이 있다. 50년 이상 배당을 늘려 온 기업은 '배당 황족주'로 등극한다. 25년 이상 늘려 왔으면 '배당 귀족주'라 부른다. 10년 이상 배당을 늘려 온 기업은 '배당 킹'이라 한다.

50년 이상 꾸준히 배당한 기업 '배당 황족주'

대표 상품: 코카콜라는 62년간 주가를 꾸준히 늘리면서 배당금도 늘려 온 '배당 황족주'의 상징과도 같은 종목이다. 1980년대 초반에 1달러였던 주가는 현재 60배 이상 상승했고 건강을 중요시하는 트렌드에서도 '제로' 음료를 통해 살아남고 있다. 현재 4월을 시작으로 7월, 10월, 12월 등 1년에 4번 배당을 실시하고 있다. 1분기에 배당지급이 없는 것이 특징이다. 코카콜라를 제외하고서도 3M, 존슨앤드존슨, P&G 등이 배당

황족주로 손꼽힌다.

25년 이상 배당한 '배당 귀족주'

대표 상품: 시가총액 4100억 달러가 넘는 미국 에너지 기업 1위인 엑
손모빌은 40년간 배당을 올려 온 '배당 귀족주'다. 엑손모빌은 블랙먼데
이(1987년), 닷컴버블(2000년), 9 · 11 테러(2001년), 금융위기(2008년),
코로나19(2020년) 등 숱한 위기에서도 배당금을 올려 왔다. PBR이 1.8
배 수준이며 배당률이 3.8%로 탄탄한 것은 덤이다. 이외에도 AT&T, 시
스코 등이 배당 귀족주로 평가받는다.

10년 이상 배당한 '배당 킹'

대표 상품: 스타벅스는 지난 2011년 이후 10년 동안 매년 주주 배당금
을 증액했다. 당시 주가는 23달러 주당 배당금은 0.28달러로 세전 1.2%
의 배당금을 지급했다. 이후 연도별 주가가 10년 동안 5배 상승했고 배
당금은 6.6배나 증액됐다. 최근 노조 설립 이슈로 주가가 다소 주저앉
았으나 여전히 매력적인 배당주다. 베스트바이, 프랭클린리소스도 10년
넘게 배당금을 늘려 왔다.

〈배당 황족주 리스트〉

기업명	티커	섹터	배당 수익률	배당 늘려온 기간	시가총액	배당금
알트리아 그룹	MO	경기방어주	8.5%	54	$79,062	$3.79
유니버설 코퍼레이션	UVV	경기방어주	6.8%	54	$1,171	$3.13
노스웨스트 내추럴 홀딩	NWN	유틸리티	5.5%	68	$1,359	$1.91
블랙 힐스	BKH	유틸리티	4.8%	54	$3,729	$2.51
유나이티드 뱅크셰어스	UBSI	금융서비스	4.6%	50	$4,366	$1.43
페더럴 리얼티 인베스트먼트	FRT	부동산	4.3%	56	$8,330	$4.29
스탠리 블랙 앤 데커	SWK	산업	4.2%	56	$11,964	$3.20
내셔널 퓨얼 가스	NFG	에너지	3.8%	54	$4,983	$1.97
콘솔리데이티드 에디슨	ED	유틸리티	3.7%	50	$30,714	$3.24
호멜	HRL	경기방어주	3.7%	58	$16,685	$1.10
애브비	ABBV	헬스케어	3.6%	52	$300,851	$5.98
킴벌리클라크	KMB	경기방어주	3.5%	52	$46,405	$4.73
존슨앤존슨	JNJ	헬스케어	3.4%	62	$352,434	$4.75
펩시콜라	PEP	경기방어주	3.3%	52	$223,939	$5.03
아처 대니얼스 미들랜드	ADM	경기방어주	3.3%	51	$29,983	$1.88
코카콜라	KO	경기방어주	3.1%	62	$272,607	$1.87
타킷 코퍼레이션	TGT	경기방어주	3.0%	55	$67,425	$4.35
제뉴인파츠	GPC	소비순환재	3.0%	68	$18,645	$3.86

*배당을 50년 이상 늘려온 기업 중 배당수익률이 3%가 넘는 기업만 표시

반드시 부자 되는 자동이체 투자법

〈배당 귀족주 리스트〉

기업명	티커	섹터	배당 수익률	배당 늘려온 기간	시가총액	배당금
리얼티인컴	O	부동산	6.0%	27	$45,594	$3.01
프랭클린 템플턴 인베스트먼츠	BEN	금융서비스	5.6%	44	$11,642	$1.21
티 로 프라이스	TROW	금융서비스	4.4%	38	$25,423	$4.80
셰브론	CVX	에너지	4.2%	37	$289,094	$6.19
J.M. 스머커 컴퍼니	SJM	경기방어주	3.8%	27	$11,736	$4.18
IBM	IBM	기술	3.8%	30	$160,847	$6.55
메드트로닉	MDT	헬스케어	3.6%	47	$98,889	$2.73
에섹스 프로퍼티 트러스트	ESS	부동산	3.6%	30	$17,518	$9.39
크로락스	CLX	경기방어주	3.6%	46	$16,671	$4.74
엑슨모빌	XOM	에너지	3.3%	41	$453,288	$3.71

〈배당 킹〉

기업명	티커	섹터	배당 수익률	시가 총액	배당금
아버 리얼리 티러스트	ABR	부동산	12.1%	$2,675	$1.64
델렉 로지스틱스 파트너스 엘피	DKL	에너지	10.0%	$1,909	$4.05
	MO	경기방어주	8.5%	$79,062	$3.79
워싱턴 트러스트 뱅코프	WASH	금융서비스	8.5%	$450	$2.13
	MPLX	에너지	7.9%	$43,574	$3.22
코젠트 커뮤니케이션스 홀딩스	CCOI	통신	7.1%	$2,708	$3.71
노스웨스트 뱅크셰어즈	NWBI	금융서비스	7.0%	$1,461	$0.78
월풀 코퍼레이션	WHR	소비순환재	6.8%	$5,511	$6.82

게티 리얼티	GTY	부동산	6.8%	$1,434	$1.74
유니언 뱅크셰어스	UNB	금융서비스	6.6%	$95	$1.38
버라이즌 커뮤니케이션스	VZ	통신	6.4%	$175,694	$2.58
스타그룹	SGU	에너지	6.4%	$382	$0.65
Financial Institutions Inc	FISI	금융서비스	6.3%	$293	$1.16
뱅크 오브 마린 뱅코프	BMRC	금융서비스	6.1%	$268	$0.96
Auburn National Bancorporation Inc	AUBN	금융서비스	6.1%	$62	$1.04
화이자	PFE	헬스케어	6.0%	$159,911	$1.62
브리스톨 마이어스 스퀴브	BMY	헬스케어	5.8%	$83,719	$2.30
키코프	KEY	금융서비스	5.8%	$13,407	$0.80
링컨 내셔널	LNC	금융서비스	5.7%	$5,325	$1.76
메인 스트리트 캐피털	MAIN	금융서비스	5.7%	$4,329	$3.56
아비스타	AVA	유틸리티	5.6%	$2,674	$1.83
코메리카	CMA	금융서비스	5.6%	$6,735	$2.78
웨스트 뱅코프	WTBA	금융서비스	5.5%	$296	$0.97
샌디 스프링 뱅코프	SASR	금융서비스	5.5%	$1,074	$1.30
First Bancorp Inc	FNLC	금융서비스	5.4%	$275	$1.34
에임스 내셔널	ATLO	금융서비스	5.4%	$180	$1.05
Douglas Dynamics	PLOW	소비순환재	5.3%	$514	$1.16
Truist Financial Corp	TFC	금융서비스	5.3%	$52,520	$2.04
노스웨스턴	NWE	유틸리티	5.3%	$3,015	$1.91
리온델바셀 인더스트리즈	LYB	원자재	5.3%	$30,817	$4.99
노스필드 뱅코프	NFBK	금융서비스	5.3%	$423	$0.50
WesBanco Inc	WSBC	금융서비스	5.2%	$1,648	$1.38
필립 모리스 인터내셔널	PM	경기방어주	5.1%	$157,399	$5.10
Horizon Bancorp Inc	HBNC	금융서비스	5.1%	$551	$0.62
헤리티지 금융공사	HFWA	금융서비스	5.1%	$621	$0.88
에버소스 에너지	ES	유틸리티	5.1%	$19,924	$2.73
Strategic Resources Inc	SR	유틸리티	5.0%	$3,483	$2.93
U.S 뱅코프	USB	금융서비스	5.0%	$61,232	$1.92

*배당을 10년 이상, 25년 미만 늘려온 기업중 배당수익률이 5%가 넘는 기업만 표시

반드시 부자 되는 자동이체 투자법

5) 퇴직연금
TDF에 고배당, 미국 지수 ETF를 섞어라!

〈수익률 높은 주요 운용사의 TDF〉

펀드명	3개월	6개월	연초이후	1년
한국투자TDF알아서ETF포커스2060증권투자신탁(혼합-재간접형)(C-F)	6.70	16.30	15.92	24.95
KB온국민TDF2055증권투자신탁(주식혼합-재간접형)(UH)O-퇴직	6.17	16.91	16.67	24.51
키움히어로즈TDF2050액티브증권상장지수투자신탁[혼합-재간접형]	6.87	16.94	16.51	24.31
한국투자TDF알아서ETF포커스2055증권투자신탁(혼합-재간접형)(C-F)	6.50	15.64	15.25	24.04
한화ARIRANGTDF2060액티브증권상장지수투자신탁(혼합-재간접형)	6.64	16.81	16.25	23.89
키움히어로즈TDF2040액티브증권상장지수투자신탁[혼합-재간접형]	6.64	16.32	15.93	23.29
한국투자TDF알아서2050증권자투자신탁UH(주식혼합-재간접형)(O)	5.43	16.62	16.32	23.13
마이다스기본TDF2050혼합자산투자신탁C-Pe2	5.46	17.86	17.00	23.05
한국투자TDF알아서ETF포커스2050증권투자신탁(혼합-재간접형)(C-F)	6.25	14.84	14.43	22.99
삼성KODEXTDF2050액티브증권상장지수투자신탁[혼합-재간접형]	5.85	15.01	14.56	22.56

*기준일 6월 28일, 자료 : 에프엔가이드

*ETF는 초록색으로 표시

TDF 50%

퇴직연금은 안전자산 중심으로 구성하는 것을 추천한다. 퇴직연금을 알아서 관리해 주는 TDF를 50%, 국내 고배당 ETF 20%, 국내 상장 미국지수 ETF 3종 30%로 설정했다.

part2에서 언급한 TDF는 예금 수익보다 높은 수익을 원하고 투자 경험이 많지 않은 사람 중에서 아직 퇴직까지 시간이 많이 남은 투자자에게 어울리는 상품이다. TDF는 투자자의 은퇴 시기에 맞춰서 위험자산과 안전자산의 투자 비중을 자동으로 조정해 준다. 은퇴 시점이 다가올수록 주식 등 위험자산의 비중을 낮추고 채권 등 안전자산의 비중을 늘리는 방식이다. 노후를 대비하는 것이 목적인 만큼 잃지 않는 안정형 투자전략을 지향한다.

대표 상품: KB온국민TDF2055, 삼성한국형 TDF2050, 한국투자TDF 알아서2050, NH-Amundi하나로TDF2045, 한화LIfePlusTDF2050, 미래에셋전략배분TDF2050

반드시 부자 되는 자동이체 투자법

국내 고배당 ETF 20%

<수익률 높은 국내 배당주 ETF>

펀드명	유형	6개월	1년	3년
마이다스글로벌블루칩배당인컴혼합자산자투자신탁(UH)Cs	해외자산배분	36.71	49.17	59.05
타임폴리오TIMEFOLIOKorea플러스배당액티브증권상장지수투자신탁[주식]	액티브주식일반	30.61	47.85	-
한화ARIRANG고배당주증권상장지수투자신탁(주식)	인덱스주식기타	26.74	38.94	36.56
KBKBSTAR대형고배당10TotalReturn증권상장지수투자신탁(주식)	인덱스주식기타	28.43	38.37	28.47
미래에셋미국배당프리미엄증권자투자신탁(주식)(UH)종류C-P2e	북미주식	25.04	35.49	62.03
하나재팬코어플러스증권투자신탁[주식]ClassC	일본주식	24.57	33.74	61.92
미래에셋TIGER배당성장증권상장지수투자신탁(주식)	인덱스주식기타	17.83	29.91	12.35
삼성KODEX배당성장증권상장지수투자신탁[주식]	인덱스주식기타	17.15	29.16	11.37
신한미국자사주&고배당증권자투자신탁(UH)[주식](종류C-i)	북미주식	21.19	29.15	-
키움KOSEF고배당상장지수증권투자신탁(주식)	인덱스주식기타	19.12	28.42	34.52

*기준일 6월 28일, 자료 : 에프엔가이드
*ETF는 초록색으로 표시

대표 상품: 한화자산운용의 아리랑 고배당주 ETF, 삼성자산운용의

코덱스 배당 가치 ETF, KB자산운용의 KB스타 고배당 ETF

국내 상장 미국 지수 ETF 3종
(S&P500, 나스닥 100, 배당 성장) 30%

대표 상품: S&P500은 SOL S&P500, KODEX 미국S&P500TR, KBSTAR 미국S&P500.

나스닥 100은 ACE 미국나스닥 100, KBSTAR 미국나스닥 100, SOL 미국나스닥 100.

SCHD는 TIGER미국배당다우존스, ACE 미국배당다우존스, SOL 미국배당다우존스.

반드시 부자 되는 자동이체 투자법

: 막막한 사회초년생에서 자신감 넘치는 투자 범생이로

'묻지 마 저축'에서 '이유 있는 자동이체'로 변신하는 과정

사회생활 시작 후, 첫 월급을 받았던 2022년 5월 26일. 내게 잊을 수 없는 순간이다. 기껏해야 60~70만 원에 그치던 알바비와 달리 세 자리 단위의 돈이 월급통장에 찍혔을 때, 느꼈던 기쁨은 이루 말할 수 없다. 가장 먼저 부모님과 나를 지지해 준 친구들의 얼굴이 떠올랐다. 주변 사람들에게 서둘러 전화를 돌린 나는 6월 내내 서울 전역의 고깃집과 호프집에서 카드를 꺼냈다. 그렇게 나의 첫 월급은 사라졌다.

문제는 다음 달이었다. 첫 월급보다 많은 돈이 들어왔는데, 어떻게 활용해야 할지 막막했다. 돈은 매달 들어올 텐데 쓰는 방법만 알고 불리는 방법을 몰랐다. 답답하고 막막한 마음에 주변 친구들과 부모님에게 상담했다. 자신 있게 재테크 방법에 대해 얘기해 주는 사람은 한 명도 없었다. 그저 입을 모아 정기예금이나 적금 등이 사회초년생에겐 최고의 재테크라고 말했다. 그렇게 난 '안전한' 수신상품에 내 월급의 대부분을 넣었다.

정기적금에 돈을 여섯 달째 붓고 있던 2022년 말, 나에겐 이름 모를 무력감이 찾아왔다. 지금 생각해 보니 '나만 뒤처지고 소외되는 것 같은 공포감', 바로 포모(FOMO · Fear of Missing Out)였다. 누군 주식을 시작해 큰돈을 벌었다고 했고 재테크라고는 전혀 모르는 친구가 코인 투자로 내 저축액의 몇 배가 되는 금액을 벌었다는 소식을 자주 접했다. 열심히 일해서 저축한 것뿐인데 3%대 금리에 만족하는 바보가 된 기분이었다. 방법을 찾아야 했다.

무작정 유튜브를 켜서 '사회초년생 재테크'를 입력했다. 알고리즘에

반드시 부자 되는 자동이체 투자법

걸리는 대부분의 동영상을 봤다. 서점에 달려가 2030세대를 위한 재테크 서적은 전부 펼쳐 봤다. 모두 저축에 관해 말했다. 짠테크를 해야 부자가 될 수 있다거나 집 살 때까지 차를 사면 안 된다는 말들. 중요하지만 와닿지 않았다. '진짜 방법론'을 알고 싶었다. 저축을 넘어선, 사회생활을 열심히 영위하면서도 미래를 그릴 수 있는 그런 투자 방법이 필요했다.

그 무렵 내 가치관을 세워 준 귀인을 만났다. 바로 이 책의 공동저자인 부장이다. 부장은 입사 초기부터 동기들 사이에서 회사의 여러 부장들 중 언제나 여유 있고 우아한 사람으로 가장 먼저 꼽혔다. 2022년 말 부장과 깊은 대화를 나눌 기회가 있었다. 인심은 곳간에서 난다 했던가. 마음의 여유도 통장의 여유에서 나온다는 걸 그때 깨달았다.

부장은 "우상향하는 자산을 자동이체로 차근차근 모아 가는 것"이라는 철칙을 가져야 월급쟁이도 부자가 될 수 있다고 했다. 그때부터 난 내가 가진 얄팍한 질투심을 다독일 수 있었다. '어떤' 상품을 '어떻게' 모아야 하는지도 배웠다. 덕분에 갈피를 잡지 못한 투자 방식도 정립할 수 있었다.

열심히 부장 밑에서 공부하고 있을 때 문득 그런 생각이 들었다. 내가 했던 고민들이 사실 월급쟁이 사회초년생이라면 누구나 한번쯤 겪는 순간이라고. 학교에서도 가정에서도 심지어 사회에서도 어느 누구 하나 돈을 제대로 모으는 법은 알려 주지 않았으니 당연한 일이었다. 지금 이 순간에도 헤매고 있을 수많은 재테크 새내기들에게 바이블은 될 수 없어도 살펴볼 만한 지침서가 필요하다고 느꼈다. 그렇게 노트북을 켰다.

이 책을 읽기 전에는 학자금 대출에 월세, 생활비까지 빠듯한 생활에 지쳐 재테크는 남의 일이라고 생각한 사람도 있을 것이다. 관심이 있었다고 해도 공부하기 어렵다는 이유로 아무 생각 없이 누군가의 추천으로 어떤 기업인지도 모른 채 특정 기업의 주식을 샀을 수 있다. 뭐가 됐든 좋다. 이미 자동이체 투자법을 습득한 당신 곁에는 시간이라는 인생 최고의 동반자가 있다. 시간은 언제나 우리 편이다.

나는 이 책이 재테크 입문서이면서 훌륭한 철학서라고 생각한다. 이 책은 거창한 투자 이론을 다루지 않는다. 정밀하고 고도화된 투자 방법도 담지 않았다. 그러나 현실적이고 효과적이다. 월급쟁이인 당신이 따라 할 수 있는 여러 재테크 방법 중 가장 쉽다. 한정된 월급을 효율적으로 활용할 수 있는 방향성을 모두 담았다.

이제 실천하기만 하면 된다. 소개된 내용들을 조금씩 따라가다 보면 길이 열릴 것이다. 이 책이 당신의 고민을 줄이고 '현생'에 집중하게 만들 수 있다면 좋겠다. 모든 사회초년생이 나와 함께 자동이체 투자법으로 부디 자신감 넘치고 행복한 인생을 살았으면 한다.

별책 부록

부동산 투자
10계명

1 | 1가구 1주택은 투자가 아닌 주거용

가장의 가장 큰 책무는 가족의 주거 안정성 보장이다. 월세나 전세를 살아 본 사람은 안다. 집주인에게 전화 올 때마다 깜짝깜짝 놀라는 그 마음을. 물론 최근 세입자를 위한 다양한 보장 장치가 마련되고 있다. 전세 기간도 점점 늘어난다. 하지만 본인의 의지가 아닌 다른 사람에 의해서 주거 환경이 바뀐다면 그것만큼 불안한 일은 없다. 언제까지 살지 본인이 결정해야 한다. 그래서 집 한 채는 형편이 되면 반드시 매입하라고 권한다. 1가구 1주택은 투자도 아니고 투기도 아니다. 주거의 안정성을 확보하는 것이다. 집 두 채부터가 투자다.

2 전세 대출도 중도 상환한다

원하는 지역, 원하는 평수에 살기 위해선 전세 대출을 피할 수 없다. 항상 가진 돈보다 눈높이가 높다. 전세 대출을 받을 때마다 체크하는 것이 있다. 바로 중도 상환 수수료다. 전세금을 중간에 갚으면 수수료가 얼마인지 은행원에게 늘 물어본다. 그럴 때마다 은행 창구 직원은 "만기 때 갚으면 되는데 중간에 상환한다고 중도 상환 수수료를 물어보는 사람은 좀처럼 찾기 힘들다."라는 말이 돌아온다.

대부분이 전세 대출을 받으면 이자만 내다가 전세 만기를 앞두고 전세 대출을 연장하거나 기존 전세 대출에 더 보태서 다시 대출을 받는다. 하지만 전세 대출도 대출이다. 2년을 기준으로 전세 대출 받은 첫 달 50만 원을 갚으면 23개월간은 50만 원에 대한 대출 이자를 내지 않아도 된다. 다음 달 또 50만 원을 갚으면 100만 원에 대해선 22개월간 대출 이자가 없다. 전세 대출도 돈이 생기면 갚아야 한다. 그만큼 계약 기간 동안 낼 이자가 줄어든다. 그래서 은행들은 '중도 상환수수료'라고 대출을 갚는다고 하면 수수료를 징수한다. 예상된 이자 수익을 올리지 못하기 때문에 패널티를 주는 것이다.

반드시 부자 되는 자동이체 투자법

3 │ 월세는 NO, 전세는 OK

월세는 안 된다. 가능하면 전세로 살아야 한다. 요즘은 전세 대출도 잘 나와서 월세만큼의 이자를 생각하면 괜찮은 아파트 전세를 얻을 수 있다. 월세는 없어지는 돈이다. 그리고 한번 계약하면 계약 기간 월세를 깎아 주는 일은 절대 없다. 특히 월세로 얻는 주거 형태는 만족할 만한 수준이 아닌 경우가 많다. 돈이 생길 때마다 전세 대출을 갚게 되면 그만큼 매월 내는 이자는 줄어든다. 갚은 만큼 목돈이 쌓인다. 또한 전세 대출을 받게 되면 큰 대출이 있다는 생각에 씀씀이도 줄일 수 있다. 월세를 사는 곳보다 전세를 사는 곳이 주거 환경이 나은 만큼 돈을 모으겠다는 목표 또한 강해지고 눈높이도 높아진다.

아파트 옥상에서 논밭을 확인해라

부동산 역시 수요 공급이 철저히 적용되고 있다. 수요가 늘어나는 곳은 집값이 올라가고 지속적으로 공급이 이뤄지는 곳은 집값이 올라갈 수가 없다. 경기 상황이 좋지 않으면 오히려 집값이 떨어질 수도 있다. 서울은 늘 수요가 넘치고 공급은 한정적이다. 그래서 집값이 뒷받침된다. 하지만 수도권만 나가도 상황은 다르다. 어느 곳은 집값이 지속적으로 오르는데 어느 곳은 수년째 제자리다. 1기 신도시인 분당과 일산이 대표적이다.

후배들이 집을 사겠다고 하면 일단 옥상부터 올라가라고 한다. 옥상에 가서 딱 봤을 때 그 옥상에서 논밭이 보이면 매수를 다시 고민할 것을 권한다. 아파트 인근 논밭은 향후 새로운 아파트 공급지가 될 가능성이 크다. 그 지역 집값이 급등한다고 치자. 건축업자들은 너 나 할 것 없이 논밭을 갈아엎고 집을 지을 것이다. 아무리 좋아도 공급이 지속되면 가격은 오르지 않는다. 아파트 오를 만하면 또 들어서고 아파트 오를 만하면 또 들어서고 해서 아파트는 몇 년째 제자리다.

5 | 12층짜리 아파트도 재건축하는 곳이 핵심지

5층짜리 아파트는 재건축 대상이 되는 것이 당연했다. 페인트도 벗겨지고 녹물도 나오기 때문이다. 이런 곳에 살면서 몇 년씩 고생고생하며 재건축을 기다리곤 했다. 흔히 말하는 몸테크다. 이제 서울은 5층짜리 재건축이 사실 남아 있지 않다. 이제는 12~15층짜리 중층 아파트를 허물고 재건축하고 있다. 수요는 지속적으로 늘어나는데 공급을 할 땅이 없으니까 멀쩡한 중층 아파트조차도 이제 허물고 짓는다. 수요는 많은데 지을 데가 없는 곳. 이곳에 평수를 줄여서라도 터를 잡는다면 일단 절반 이상은 성공한 것이다.

6 | 미스코리아 심사위원의 마음을 읽어라

부동산에서 가장 하지 말아야 하는 행동은 '자기가 살기 편한 곳'을 선택하는 것이다. 내가 살고 싶은 곳보다 남들이 살고 싶은 곳을 택해야 한다. 남들이 살고 싶어 하는 곳에 살면 얼마 가지 않아 나 또한 계속 살고 싶은 곳이 된다. 무엇보다 집을 내놓으면 바로바로 거래가 된다. 왜? 살고 싶어 하는 사람이 많기 때문이다.

그래서 부동산은 미스코리아 대회 심사위원의 마음으로 선택해야 한다는 말이 있다. 미스코리아를 심사하는 사람들은 점수를 매길 때 기준이 있다. 자신의 개인적인 취향에 따라 점수를 매기지 않고 남들이 봐도 미인인 사람에게 높은 점수를 준다. 부동산도 마찬가지다. 나보다 남들이 좋은 곳을 선택해야 한다.

반드시 부자 되는 자동이체 투자법

7 내가 살 '초품아', 전세를 끼고 미리 사라

부모님 때문에 처가 때문에 어쩔 수 없이 근처에 집을 얻는 경우가 있다. 애들을 돌봐준다는 이유에서다. 이런 후배들은 향후 부동산 가격이 상승할 지역을 설명해도 자기는 떠나지 못한다고 아쉬워한다. 그럴 때마다 제시하는 방법이 있다.

바로 부모님 근처에는 전세나 월세를 얻고 향후 부동산 가격이 상승할 곳에 전세를 끼고 집을 사는 것이다. 흔히 전세를 끼고 사는 것을 갭투자라고 한다. 무주택자가 갭투자를 하는 것은 투기라기보다는 실거주에 가깝다. 아이가 초등학교 또는 중학교 들어가면 살고 싶은 곳에 전세를 끼고 미리 사 둔다면 미래 주거에 대한 불안감도 덜고 더불어 시세 차익도 기대할 수 있다. 현재 살고 있는 집은 아이가 부모님의 돌봄이 필요 없을 때 전세를 빼서 갭투자로 매입한 곳에 살고 있는 세입자에게 돌려주면 된다.

8 평수에 지역을 맞추지 말고 지역에 평수를 맞춰라

깨끗한 아파트에 살고 싶다고 외곽으로 자꾸 나가면 안 된다. 조금 규모를 줄이더라도 도심에 살아야 한다. 좋은 지역이라면 작은 아파트를 살더라도 좋다. 특히 신혼부부는 18평이 안 되는 곳에 살아도 좋다. 괜히 아파트만 넓어지면 들어가는 가전제품만 많아진다. 처음부터 넓은 평형에 살기 시작하면 아파트를 줄여서 이동하는 것은 거의 불가능하다. 때문에 처음부터 조금 작더라도 좋은 지역에 사는 것이 중요하다.

서울의 경우 2호선 라인은 더할 나위 없다. 마지노선은 외곽순환도로 안쪽이다. 물론 미사, 위례, 삼송, 원당 등도 나쁘지는 않다. 경부 라인도 주목해 볼 만하다. 서울을 제외하고는 판교, 수원, 광교, 동탄, 평택 등 경부 라인을 중심으로 기업이 계속 들어서면서 부동산 수요가 증가하고 있다. 최근 용인 반도체 단지 건설이 한창인데 완성되면 그 일대 부동산 수요는 더욱 증가할 것이다.

9 | 남들이 살고 싶은 곳은 경제 신문 3개월만 보면 나온다

남들이 사고 싶어 하는 곳에 내가 살 수 있어야 한다. 잘 모르겠다면 경제 신문을 3개월 동안 보는 것을 추천한다. 기자들이 가장 많이 언급한 동네를 세 보면 그곳이 바로 독자들의 관심이 많은 곳이다. 최근에는 성수, 여의도, 공덕, 마포 등이다.

기자들은 사실 냉정하다. 흔히 뉴스가 되지 않으면, 독자의 관심이 없으면 취재를 하지 않는다. 경제 신문 부동산면에 단골로 등장하는 곳이 있다면 그만큼 세간의 관심이 집중되는 곳이다. 3개월만 정독한다면 사람들이 어디에 관심이 많은지 또 가격대가 얼마인지 전문가와 말할 정도로 수준이 올라갈 것이다.

10 | 지방 버스터미널 3층 건물이 서울 전세값도 안 된다

본적은 경상남도 함양이다. 선산이 있어 들를 때마다 1층 약국에서 박카스를 사 먹었던 기억이 생생하다. 함양처럼 중소 도시 버스 터미널 앞에는 1층에는 약국, 2층에는 다방, 3층에는 당구장이 있는 3층짜리 건물이 상징처럼 서 있었다. 만약 1970년대에 그 건물을 팔고 서울에 집을 샀다면 강남 아파트 열 채는 샀을 것이다. 지금은 그 건물 팔면 서울에 아파트 전세도 겨우 얻을까 말까 한다.

왜 그럴까? 중소형 도시에 사람이 없고 인구가 줄어서 그렇다. 지금은 버스 터미널조차도 폐업을 하고 있는 실정이다. 우상향하는 자산의 조건은 수요가 늘어나고 있지만 공급이 제한돼 있어야 한다. 그게 부동산이건 주식이건 아니면 해외 주식에 투자하건 간에 기본 원리는 같다.

반드시 부자 되는 자동이체 투자법